프랜테크

이 찬·김용남 지음

Fran
Tech

알찬 프랜차이즈 창업을 이끄는
실패 최소화의 기술

프랜테크

도시 공간의 가치와 데이터의 통찰이 빚어낸 프랜차이즈 창업의 이정표

1. 도시 경제의 실핏줄, 프랜차이즈의 새로운 패러다임

현대 도시 공간에서 프랜차이즈 산업은 단순한 상업 시설을 넘어 도시 경제의 역동성을 지탱하는 실핏줄과 같은 역할을 하고 있습니다. 그러나 우리가 마주한 현실은 그리 녹록지 않습니다. 급변하는 소비 패턴과 예측 불가능한 시장 환경 속에서, 경험에만 의존하는 전통적인 창업 방식은 더 이상 도시 생태계 내에서 지속 가능성을 담보하기 어렵게 되었습니다.

이러한 시점에 이찬 박사와 김용남 팀장이 공동으로 집필한 『프랜테크(FranTech): 알찬 프랜차이즈 창업을 이끄는 실패 최소화의 기술』은 매우 반갑고도 귀한 성과입니다. 본서는 프랜차이즈 창업을 단순한 자영업의 영역이 아닌, 정교한 데이터 분석과 입지론적 통찰이 결합된 '공학적 영역'으로 격상시켰다는 점에서 그 의의가 매우 큽니다.

2. 이론적 토대와 실무적 경륜의 완벽한 조화

제1저자인 이찬 박사는 서울시립대학교 도시공학과에서 학문적 기틀을 닦았을 뿐만 아니라, 국내 유수의 기업에서 리테일 부동산의 전 과정을 진두지휘한 드문 이력을 가진 전문가입니다. 그와 함께 현장의 실천적 지식을 쌓아온 김용남 팀장의 협업은 이론과 실무라는 두 마리 토끼를 모두 잡는 결과를 낳았습니다.

도시공학적 관점에서 본 입지 분석과 부동산 자산관리의 매커니즘이 프랜차이즈 창업이라는 구체적인 현장에 어떻게 투영되는지를 이토록 명료하게 풀어낸 저작은 드뭅니다. 저자들이 현장에서 발로 뛰며 체득한 '살아있는 지식'은 책의 행간마다 깊은 신뢰와 무게감을 더해줍니다.

3. '실패 최소화'를 향한 과학적 접근과 합리성

이 책의 핵심인 『프랜테크(FranTech)』는 기술(Technology)을 도구로 삼아 창업의 불확실성을 걷어내고 '실패를 최소화'하는 일련의 과학적 과정을 의미합니다. 저자들은 브랜드 탐색부터 상권 및 입지 평가, 그리고 정교한 사업성 분석에 이르기까지 창업자가 거쳐야 할 의사결정의 경로를 논리적으로 제시하고 있습니다.

특히, 단순한 매출 증대보다 리스크 제어와 수익 구조의 건전성을 강조하는 저자들의 시각은 학술적으로도 매우 타당한 접근입니다. 근거 없는 낙관주의를 경계하고 데이터에 기반한 합리적 비판을 통해 최적의 대안을 도출해내는 과정은, 창업을 준비하는 이들이 반드시 견지해야 할 '지적인 성실함'이 무엇인지를 잘 보여줍니다.

4. 인문적 성찰이 가미된 비즈니스의 완성

놀라운 점은 이 책이 기술적 분석에만 매몰되지 않았다는 사실입니다. 저자들은 맹자의 가르침을 빌려 '천시(天時), 지리(地利), 인화(人和)'의 가치를 역설합니다. 도시 공간을 채우는 것은 결국 사람이며, 기술적 분석(지리)과 시장의 흐름(천시)을 완성하는 종지부는 결국 사람 간의 화합(인화)이라는 대목에서 저자들의 깊은 인문적 성찰을 엿볼 수 있습니다.

기술은 차갑고 정교해야 하지만, 그것을 운영하는 주체는 사람이어야 한다는 이 균형 잡힌 시각이야말로 우리 사회의 프랜차이즈 생태계를 더욱 건강하게 만드는 밑거름이 될 것입니다.

5. 미래의 창업가와 전문가들에게 보내는 권유

도시의 공간 가치를 창출하고 지역 경제의 일익을 담당하고자 하는 모든 예비 창업가와 관련 산업 종사자들에게 이 책을 권합니다. 본서는 창업의 문턱에서 마주하는 막연한 두려움을 확신으로 바꾸어줄 든든한 가이드북이 될 것입니다.

성공은 우연의 산물이 아니라 철저한 준비와 분석의 결과물입니다. 이찬 박사와 김용남 팀장이 공들여 쌓아 올린 이 '프랜테크'의 지혜가, 도전하는 모든 이들에게 실패를 줄이고 지속 가능한 성장을 이루는 소중한 밑거름이 되기를 진심으로 기원합니다.

서울시립대학교 도시과학대학 도시공학과

교수 강 명 구

2018년 이후 자영업자들을 둘러싼 환경에는 많은 변화가 있었다. 쿠팡, 배달의민족 등 물류·플랫폼 기업의 급속한 성장은 기존 로드 상권을 직접적으로 위협했다. 거리 곳곳의 빈 상가에는 '임대문의' 안내문이 한 건물 건너 하나씩 붙기 시작했다. 기존 프랜차이즈 브랜드의 어려움으로 자영업자들의 폐업이 이어졌고, 이는 상가 공실의 증가로 이어졌다.

그러나 공실을 채울 새로운 프랜차이즈 브랜드의 등장은 쉽지 않았다. 프랜차이즈 창업은 지속되기 어려운 환경에 놓이게 되었고, 기존 브랜드의 몰락과 새로운 브랜드의 더딘 성장은 프랜차이즈 창업 시장 전반에 위기의 신호를 드리웠다. 새로운 업종과 브랜드를 끊임없이 탄생시키며 견조한 성장을 이어오던 K-프랜차이즈 시장에도 구조적 변화의 시기가 도래하고 있었다.

여기에 더해 최저임금 인상으로 인한 인건비의 급격한 상승은 프랜차이즈 브랜드를 지탱해왔던 자영업자들의 부담을 더욱 가중시켰다. 나날이 커지는 인건비 부담 속에서 직접 현장을 뛰는 사장님들이 늘어났고, 기존 점포를 운영하는 자영업자들을 컨설팅하다 보면 운영의 어려움을 호소하는 경우도 적지 않았다.

통계청 자료에 따르면 2023년 기준 '나 홀로 사장님'은 427만 명에 달한다. 엎친 데 덮친 격으로 2019년 재앙처럼 찾아온 코로나19는 간신히 버텨오던 자영업자들의 체력을 완전히 소진시켰다. 이후 프랜차이즈 창업 시장에는 배달업 중심의 창업이 늘어나는 등 새로운 패러다임이 자리 잡기 시작했다.

이러한 변화 속에서 프랜차이즈 브랜드는 견뎌냈는지, 수혜를 입었는지 여부에 따라 극명한 양극화를 보였다. 배달앱이라는 새로운 플랫폼의 부상은 배달 전문 프랜차이즈 브랜드로의 쏠림 현상을 만들었고, 이는 예비창업자가 브랜드를 선택하는 데 있어 선택지를 제한하는 요인이 되었다.

예비창업자에게 프랜차이즈 창업으로 성공하기란 과거보다 훨씬 어려운 일이 되었다. 그러나 변화에 대응할 수 있도록 충분한 준비 시간이 주어졌다고 보기도 어렵다. 시장과 시대의 급격한 변화는 많은 자영업자들을 폐업으로 내몰았고, 이제는 정확한 예측과 명확한 근거 없이는 프랜차이즈 창업에서 성공을 기대하기 어려운 상황이 되었다.

이 책은 예비창업자에게 실패의 확률을 최소화하면서 알찬 프랜차이즈 창업으로 가는 길을 보여주고자 한다. 저자인 우리가 제시한 구조적인 방법을 충분히 익히고 반복해 훈련한다면, 본서는 프랜차이즈 창업의 성공 가능성을 높이는 데 실질적인 도움이 될 것이다.

예비창업자에게 묻고 따지는 방법을 제시함으로써 스스로 판단의 기준을 세울 수 있도록 돕고자 한다. 질문하고 검증하는 과정을 꺼리지 않고 따라가다 보면, 어느새 성공에 한 걸음 다가가 있을 것이다.

그러니 차근차근 따라오면 된다. 그 과정에서 보다 안전하고 성공 가능성을 높일 수 있는 프랜차이즈 창업에 도달할 수 있을 것이다. 성공에는 반드시 견뎌내고 이겨내야 하는 과정이 따른다. 이 책은 즉각적인 정답지를 제시하기보다는 예비창업자 스스로 프랜차이즈 창업의 길이 무엇인지를 자문하고 자신만의 성공을 설명할 수 있는 힘을 길러주고자 한다.

본서는 예비창업자가 선별하기 어려운 수많은 정보 속에서 핵심을 식별해 내는 안내서가 되고자 한다. 정글과도 같은 프랜차이즈 창업 시장에서 예비창업자가 꿋꿋이 살아남기를 응원한다. 나아가 성공의 교두보를 마련한 예비창업자가 또 다른 예비창업자의 성공을 연결하고 연대함으로써 모든 자영업자가 조금 더 행복해질 수 있는 세상이 오기를 진심으로 기대한다.

2026년 2월 알찬 공간을 사람에게 연결합니다.
알찬컴퍼니 대표 이찬 올림

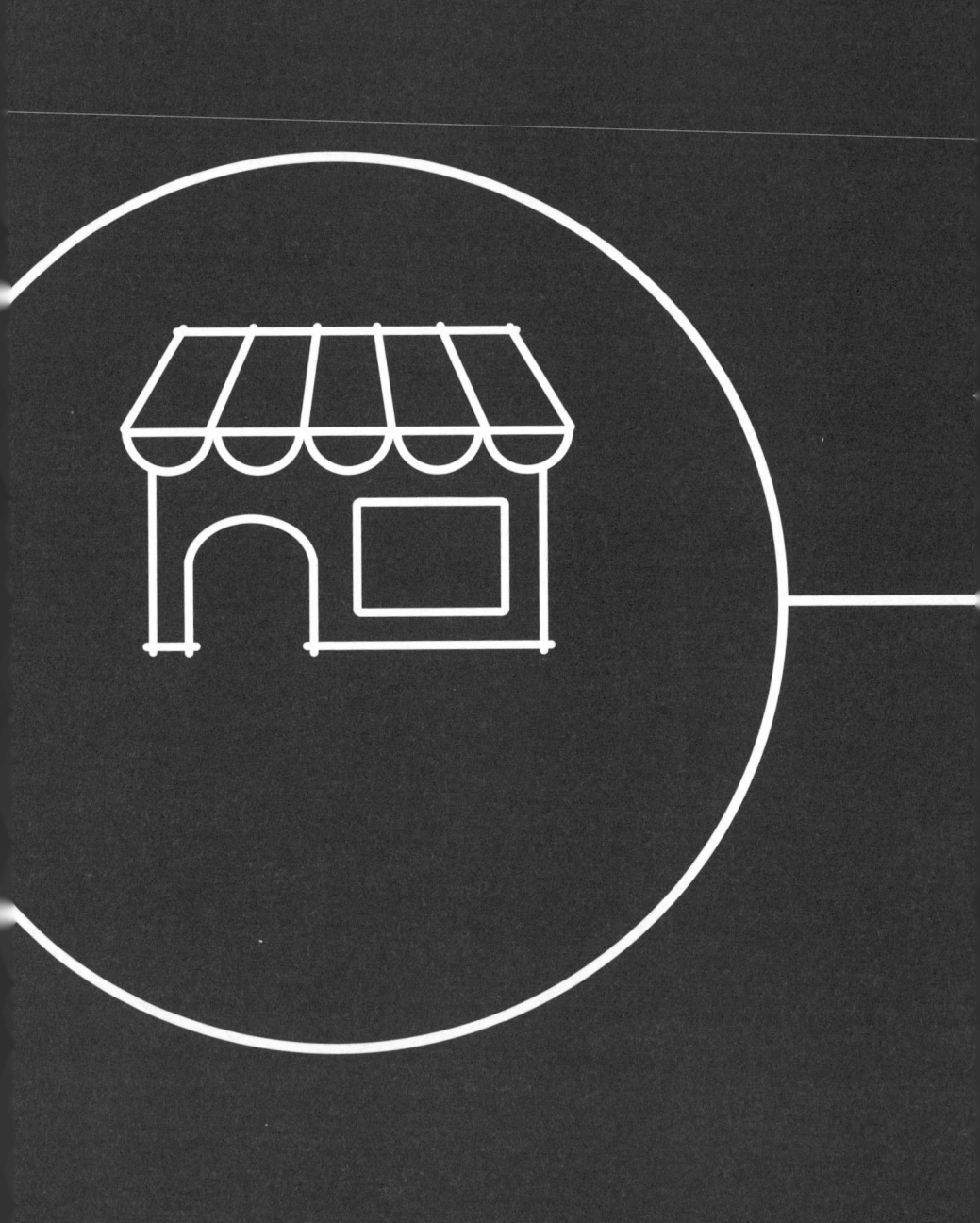

프랜차이즈 창업의
꿈과 현실

깨져버린
김부장의 꿈

2025년 인기리에 방영된 JTBC 드라마 『서울 자가에 대기업 다니는 김부장 이야기』는 K-중년의 미생을 다룬 드라마로 많은 공감을 얻었다. 과하게 길고 친절한 드라마 제목이 담고 있는 K-중년의 삶을 수식하는 서울 자가, 대기업, 그리고 김부장이라는 타이틀은 희망퇴직과 함께 사라진다. 그리고 한순간 잘못된 상가 투자로 김부장의 삶은 나락으로 빠져든다.

갑작스러운 퇴직을 맞이하는 김부장의 삶을 해학적으로 풍자하고 있는데 이 해학적 풍자는 드라마를 가장한 다큐라는 평이 많다. K-중년 퇴직 이후의 삶은 결국 상가투자, 재취업, 자영업의 한정적인 선택지 안에 놓인다. 선택지 중 자존심에 한 상가투자는 원수에게 추천하는 길, 알바부터 경험하는 자영업은 형도 추천하는 길이라는 의미도 있다.

드라마 속 김부장은 본인차량 손세차로 시작해 손세차 알바를 거쳐 법인용 차량관리로 전문성을 키우고 샵인샵 개념의 작은 세차장을 운영한다. 안정적으로 자영업을 하기 위해 경험을 쌓은 후 소규모 자본으로 자영업을 창업하여 안정화에 이르는 길을 보여준다.

드라마 마지막에 보여주는 알바부터 시작한 손세차 창업은 상가투자에 실패한 이후 차근차근 자영업을 준비하는 김부장의 모습을 보여준다. 그러나 드라마에서 김부장이 잘못된 상가투자로 퇴직금을 날린 것처럼 현실에서의 김부장들은 과학적으로 준비하지 않은 상태로 얼떨결에 장사를 시작해 퇴직금을 날리는 경우가 많다.

얼떨결에 장사하는 김부장에게 장사는 쉽지 않고 매월 나가는 월세와 인건비 걱정으로 한숨을 내쉬기 일쑤다. 성장시대라 불릴 수 있는 2010년대 중반까지도 얼떨결에 장사해도 성공할 수 있었고 주변에 장사해서 돈을 버는 자영업자의 성공기들을 심심찮게 들을 수 있었다.

그러나 요즘은 얘기가 다르다. 열심히만 하면 돈을 벌던 자영업자의 시대는 저물었고 준비해서 잘 해내야 돈을 버는 자영업자의 시대가 되었다. 준비가 잘 되어 있어도 성공하기 어렵다. 그럼에도 불구하고 대한민국의 김부장들은 여전히 쉽게 자영업에 뛰어든다.

대한민국의 자영업자 비율은 2024년 기준 약 20%로 상당히 높은 수준이며 OECD 국가 중에서는 7위이다. 경제 규모가 크고 선진국으로 불리는 나라들에 비해 대한민국의 자영업자 비율이 높은 편이다. 대한민국의 높은 자영업자 비율을 견인한 것은 자영업에 대한 진입장벽을 낮추고 돈을 벌 수 있는 프랜차이즈 시스템이 덕분이었다.

한동안 돈이 된다는 말에 많은 사람들이 프랜차이즈 창업을 했지만 이제는 돈이 되는 경우가 많지 않다. 노하우 없이 쉽게 할 수 있다는 점 때문에 너무 많은 사람들이 몰리며 너무 많은 프랜차이즈 브랜드가 생겼기 때문이다. 그래서 이제는 몇몇 프랜차이즈 창업의 성공 사례가 마치 나에게도 일어날 것이라는 유혹이 있을 뿐이다.

덕분에 대한민국은 프랜차이즈 공화국이 되었다. 공정거래위원회 가맹사업거래에 정보공개서에 따르면 2024년 기준(직전사업년도 말 기준) 우리나라 프랜차이즈 브랜드수는 13,526개, 359,925개의 가맹점, 17,314개의 직영점이 대한민국에서 운영되고 있다. 이는 가맹본부가 정보공개를 하기 시작한 2018년에 비하면 약 2배이다.

K-프랜차이즈라고 불릴 수 있을만큼 대한민국의 프랜차이즈는 지속적으로 성장해 왔다. 모든 사람은 아니었지만 프랜차이즈 창업으로 성공하는 사람이 종종 발생했고 동일한 취향을 선택하는 대한민국 사람들에게 프랜차이즈는 빠르게 확산되어 트렌드가 만들 수 있는 장점이 있기 때문이다.

그러나 지금은 성공하는 사람의 빈도가 줄어들었을 뿐만 아니라 노력에 비해 돈도 되지 않는 경우가 많다. 주말에 쉬지 않고 일해도 100만원 벌기 어려우며 심지어 적자를 보는 사람도 많다. 그래서 최저시급을 받는 알바생이 더 낫다고 한탄하기도 한다. 그러니 프랜차이즈 창업을 준비하는 예비창업자라면 잘 따져보고 해야 한다.

프랜차이즈: 하기는 쉬운 그러나 돈 벌기는 어려운

대한민국에서는 누구나 쉽게 프랜차이즈를 창업할 수 있다. 공정거래위원회의 가맹사업거래의 통계를 보면 한국에는 2024년 기준 359,925개의 프랜차이즈 가맹점이 있다. 통계청 KOSIS 프랜차이즈 조사(가맹점)에 의하면 2023년 코로나 19 종식의 영향으로 거의 모든 업종에서 브랜드수, 가맹점수, 가맹점 평균매출액 등이 증가하는 것으로 나타났다.[*]

대한민국은 프랜차이즈 창업하기 위한 시스템이 어느 국가보다 잘 갖추어져 있다. 그래서 매년 10만명의 사람들이 프랜차이즈 박람회를 찾으며 프랜차이즈 창업에 열을 올린다.[**] 예비창업자는 돈만 준비하면 된다. 돈만 준비되면 프랜차이즈 창업을 위한 모든 과정은 프랜차이즈 본사가 지원한다.

시스템은 훌륭하지만 프랜차이즈 창업을 통해 돈을 잘 버는 사람은 많지 않다. 프랜차이즈 창업이 하기 쉬운 만큼 돈이 되지 않는 건 당연하다. 누구나 쉽게 프랜차이즈 창업을 통해 돈을 벌던 때도 있었다. 한동안 브랜드의 힘, 가맹점주의 역량, 경기 등에 따라 다르기는 했지만 프랜차이즈 창업을 통해 돈을 버는 사례를 주변에서 꽤 볼 수 있었다.

---

[*] 2023년 가맹사업 현황 통계발표 2023년 4.8(월) 조간 보도자료(http://www.ikfa.or.kr/bbs/board.php?bo_table=etc_data&wr_id=138)

[**] 2022년 상반기에는 21,152명, 2024년 하반기 제57회 IFS 프랜차이즈 창업산업 박람회의 경우 사흘간 5만명 이상의 관람객이 몰렸다(https://www.etoday.co.kr/news/view/2415102)

브랜드의 힘이 부족해도 가맹점주의 역량이 떨어져도 경기가 받쳐주지 않을 때도 프랜차이즈 창업은 개인 창업이나 회사를 다니는 것보다는 나은 선택지가 되는 경우가 꽤나 있었다. 이 시기 경험적으로는 약 20%의 예비창업자가 프랜차이즈 창업으로 성공했다.

프랜차이즈 브랜드를 잘 선택하기만 해도 성공할 수 있었고 브랜드가 좋지 않더라도 열심히 운영하면 성공하던 때도 있었다. 그러나 지금은 성공이 가능한 프랜차이즈 브랜드를 선별하기도 어렵고 성공하기 어려운 브랜드를 선택하여 운영을 열심히 해봤자 소용이 없다.

최근에는 상황이 다르다. 프랜차이즈 창업을 해서 시장에서 살아남기 어렵고 살아남는다 해도 돈이 안 되는 경우가 많다. 2023년 기준 대한민국에서 5년 안에 프랜차이즈를 폐업하는 확률은 10개 중 6개로 OECD평균보다 높다.*** 많은 돈을 들여 프랜차이즈를 창업했지만 남는 건 빚밖에 없다.

즉, 프랜차이즈 창업이 하기 쉬울 뿐이지 돈이 되지는 않는다. 그렇다고 딱히 살아남을 수완이나 기술을 가지지도 못했다. 어떻게 할 것인가? 먹고는 살아야겠고 무엇을 해보자니 만만치는 않다보니 결국은 많은 사람들이 다시 프랜차이즈 창업에 뛰어든다.

하기는 쉬운 그러나 돈 벌기는 어려운 프랜차이즈 창업을 선택하는 함정에 빠진다. 나아가 조급함으로 나쁜 선택을 더 빨리 결정하게

*** 통계에 따르면, 2023년 창업기업의 5년차 폐업율은 66.2%로 조사되었으며, OECD평균 폐업율이 54.6%인 것을 감안할 때 폐업율이 높은 수준이다. 한국 창업기업 10개중 6개가 창업후 5년내에 문을 닫고 있다(출처: 2023년 국내 사업자 폐업율 분석 및 대책 보고서, KCCI 한국 소비자인증 시장조사팀).

부축임 받기도 한다. 그러나 더 이상 프랜차이즈 창업에 대한 자신의 결정을 책임져주지 않을 점포개발자, 창업컨설턴트, 부동산중개인 등에게 휘둘리지 않았으면 한다.

오랜 프랜차이즈 창업 컨설팅에서 경험한 업계의 비밀과 대기업의 프랜차이즈 창업 절차에 필요한 의사결정의 기준을 본서에 충실히 담았다. 예비창업자가 충분히 읽어 역량으로 내재화하다면 프랜차이즈 창업으로 지급되어야 할 시행착오의 비용을 아끼고 성공하는 창업에 빨리 가까워 질 수 있다.

프랜차이즈 본사는 장사가 낯선 예비창업자에게 시스템을 제공하지만 예비창업자가 실제로 돈을 버는 데 도움이 되지 않을 수 있다. 프랜차이즈 본사가 돈을 벌기 위해 만들어진 시스템일 수 있기 때문이다. 돈이 되는지 아닌지에 대한 모든 투자에 대한 책임은 예비창업자에게 있으니 잘 따져보고 프랜차이즈 창업을 해야 한다.

본서는 프랜차이즈 창업에 도전하려는 예비창업자에게 프랜차이즈 창업에서 성공하는 방법을 안내한다. 프랜차이즈 창업의 성공 프로세스를 정량적으로 수치화하여 설명한다. 데이터를 기초로 구체적인 프랜차이즈 창업의 기준을 예비창업자에게 설명하는 것이다.

프랜차이즈 창업을 음식에 비유해 보면 좋은 재료를 가지고 적당한 온도와 용기에 정확한 레시피로 요리해야 맛있는 음식이 된다. 프랜차이즈 창업을 음식에 비유하면 좋은 브랜드를 골라(재료), 적절한 상권과 입지를 찾은 뒤(적당한 온도와 용기), 사업성을 정확하게 분석해야(레시피) 성공할 수 있다. 준비가 되었다면 이제 요리를 시작하자.

당신은 프랜차이즈 창업에 적합한 사람인가?

프랜차이즈 창업을 준비하는 대부분의 사람들은 '무엇을 할 것인가'를 가장 먼저 묻는다. 어떤 브랜드가 뜨는지, 요즘 유행하는 업종은 무엇인지, 얼마를 벌 수 있는지부터 궁금해한다. 그러나 프랜차이즈 창업에서 진짜로 먼저 던져야 할 질문은 따로 있다. "나는 지금, 프랜차이즈 창업을 해도 되는 사람인가"라는 질문이다.

프랜차이즈 창업은 누구에게나 열려 있는 기회처럼 보이지만, 실제로는 아무에게나 허락되는 선택이 아니다. 특히 입지, 사업성, 유동량, 수익 구조와 같은 핵심 요소에 관심조차 없거나, 이를 이해하려는 노력 없이 무턱대고 뛰어드는 창업은 높은 확률로 실패를 향한다. 실패의 원인은 대부분 운이 아니라 준비되지 않은 판단에 있다.

이 책은 프랜차이즈 창업을 장려하기 위해 쓰인 책이 아니다. 오히려 창업을 시작하기 전에, 지금 당장은 프랜차이즈 사업을 해서는 안 되는 사람을 먼저 걸러내기 위한 책에 가깝다. 창업을 하면 안 되는 사람을 분명히 구분하지 않은 채 시작하는 모든 프랜차이즈 창업은, 결국 시간과 자본, 그리고 삶의 에너지를 소모하는 선택이 되기 쉽다.

프랜차이즈 창업은 '열심히 하면 된다'는 마음가짐만으로 버틸 수 있는 영역이 아니다. 이는 수치와 구조, 확률과 리스크를 다루는 일이며, 감각보다 판단이, 의지보다 분석이 앞서야 하는 사업이다. 따라서 프랜차이즈 창업을 고려하고 있다면, 본격적인 정보 탐색이나 브랜드 비교에 앞서 반드시 스스로에게 물어야 할 질문들이 있다.

이 질문들은 당신의 의지를 시험하기 위한 것이 아니다. 또한 창업에 대한 열정을 꺾기 위해 던지는 질문도 아니다. 오히려 이 질문들은 당신이 감당할 수 없는 실패를 미리 피하도록 돕기 위한 최소한의 안전장치다. 이 질문들을 통과하지 못한다면, 지금은 프랜차이즈 창업을 시작할 시점이 아니다.

지금부터 제시되는 열두 개의 질문은 프랜테크FranTech의 핵심 기술을 기반으로 구성되었다. 각각의 질문은 단순한 퀴즈가 아니라, 프랜차이즈 창업에 필요한 사고방식과 준비 수준을 점검하는 기준이다. 이 질문에 솔직하게 답하지 못한다면, 혹은 답을 피하고 싶어진다면, 그것이 바로 가장 중요한 신호일 수 있다.

프랜차이즈 창업은 시작하는 것보다 시작하지 않는 선택이 더 현명한 순간이 분명히 존재한다. 이 장은 그 순간을 스스로 인식하기 위한 장이다. 그러니 잠시 멈춰 서서, 조급함 대신 질문을 택해도 괜

찮다. 이 질문들을 통과한 뒤에야 비로소, 프랜차이즈 창업에 대해 이야기할 자격이 생긴다.

창업을 하기 전에 답해야 하는 12가지 필수 질문

자. 프랜차이즈 창업을 고민하고 있는 시점에 당신이 넘어야 할 열두 고개의 질문이 눈앞에 있다.

질문 자체는 어렵지 않다. 하지만 당신은 12가지의 간략한 질문에 제대로 된 답변을 할 수 있어야 한다. 왜냐하면 이 질문들은 기본적이고 본질적인 내용을 묻고 있기 때문이다.

만약 당신이 이 질문의 언덕 중 하나라도 제대로 넘지 못한다면 당신은 '지금 당장 프랜차이즈 사업에 뛰어들면 안되는 상황'을 넘어 '프랜차이즈 사업 자체에 발을 들이면 안 되는 사람'일 수 있다.

그럼 첫 번째 질문부터 시작해보자.

첫 번째 질문

프랜차이즈는 매장 수가 가장 많은 브랜드를 선택하는 것이 가장 안전하다.

YES / NO

만약 당신이 YES를 선택했다면, (미안하지만) 당신은 프랜차이즈 창업을 하면 안 된다.

매장 수는 브랜드의 '확산 속도'를 보여줄 뿐, '수익성'을 보장하지 않는다. 프랜차이즈 창업에서 핵심은 몇 개의 매장이 있느냐가 아니라, 단위면적당 얼마를 벌어들이는 구조인지다. 좁은 면적에서도 높은 매출을 만드는 브랜드만이 임대료와 인건비 상승을 견뎌낼 수 있다.

두 번째 질문

본사가 제시하는 예상 매출표만 봐도 브랜드의 경쟁력은 충분히 판단할 수 있다.

YES / NO

만약 당신이 이 질문도 YES를 선택했다면, 당신은 진심으로 프랜차이즈 창업을 하면 안 되는 사람일 수 있다.

본사의 예상 매출은 '마케팅 자료'이지 '검증된 데이터'가 아니다. 중요한 것은 실제 가맹점들의 매출 분포와 편차이며, 최상위와 하위 점포 간 격차다. 구조적으로 안정적인 브랜드는 평균이 아니라 중간값이 무너지지 않는다.

세 번째 질문

월세가 조금 비싸더라도 매출만 잘 나오면 문제는 없다.

YES / NO

프랜차이즈 창업의 꿈과 현실

만약 당신이 YES를 선택했다면, 당신은 프랜차이즈 창업을 넘어 사업 자체에 맞지 않는 사람일 수 있다.

매출이 높아도 월세가 그에 비례해 높다면 남는 것은 없다. 프랜테크에서 보는 기준은 단순 매출이 아니라 월세 대비 매출 비율이며, 최소 15배 이상의 구조가 나오지 않으면 리스크가 급격히 커진다.

네 번째 질문

프랜차이즈는 점포 수가 10~20개만 되어도 검증됐다고 볼 수 있다.

YES / NO

만약 당신이 YES를 선택했다면, 당신은 프랜차이즈 창업을 처음부터 다시 고민해봐야 한다.

초기 확장은 본사의 영업력으로도 가능하다. 중요한 것은 동일한 구조가 여러 지역에서 반복 재현되는지 여부이며, 이를 판단할 수 있는 최소 기준은 50개 이상의 점포 운영 데이터다. 그 이전 단계의 브랜드는 아직 실험 중일 가능성이 크다.

다섯 번째 질문

입지는 '느낌'과 '분위기'가 좋아 보이면 충분하다.

YES / NO

만약 당신이 YES를 선택했다면, 당신은 '느좋(느낌이 좋다)'을 추구하는 사람일 수는 있지만, 프랜차이즈 창업에는 어울리는 사람이 아닐 수 있다.

입지는 감각의 문제가 아니라 측정의 대상이다. 프랜테크는 입지를 설명할 때 반드시 숫자를 요구한다. 지하철 승하차 인원, 전면 유동량, 체류 시간 없이 판단하는 입지는 대부분 착각이다.

여섯 번째 질문

지하철역 근처라면 유동인구는 자동으로 보장된다.

YES / NO

만약 당신이 YES를 선택했다면, 당신은 프랜차이즈 창업을 진심으로 다시 고민해봐야 한다.

모든 지하철역이 상권을 만들지는 않는다. 프랜테크의 기준은 단순 '역세권'이 아니라 일 평균 승하차 인원 4만 명 이상이라는 구체적인 수치다. 역이 있다는 사실보다, 사람이 얼마나 머무는지가 더 중요하다.

일곱 번째 질문

유동인구는 많을수록 무조건 좋은 상권이다.

YES / NO

만약 당신이 YES를 선택했다면, 당신은 프랜차이즈 창업을 넘어 사업의 기본기를 다시 닦아야 한다.

유동인구는 '지나가는 사람'일 뿐 '사는 사람'이 아니다. 중요한 것은 시간당 유동량과 구매 전환 가능성이다. 프랜테크는 점포 전면 시간당 400명 이상이라는 기준으로 실제 매출 전환 가능성을 본다.

여덟 번째 질문

가시성만 좋으면 입지는 성공한 것이다.

YES / NO

만약 이 질문에 YES를 선택했다면, 당신은 창업의 기본기가 없기 때문에 이 책이 반드시 필요할 수 있다.

입지는 하나의 요소로 결정되지 않는다. 가시성, 유동량, 접근성, 집객력이라는 4가지 입지 요인이 동시에 작동해야 한다. 하나라도 빠지면 매출은 구조적으로 불안해진다.

아홉 번째 질문

일 매출은 장사가 잘되면 자연스럽게 따라오는 결과일 뿐이다.

YES / NO

이 질문은 어찌보면 당연한 말처럼 보일 수 있다. 하지만 창업은 단순히 결과를 기다리는 일이 아니다. 제대로 프랜차이즈 사업의 준비가 된 사람이라면 그것 조차도 설계의 영역으로 생각한다.

다시 한번 말해, 매출은 결과가 아니라 설계의 산물이다. 프랜테크에서는 창업 전에 이미 일 매출 100만 원 이상이 가능한 구조인지를 계산한다. 계산되지 않는 매출은 기대일 뿐이다.

열 번째 질문

시설 투자비는 천천히 회수해도 상관없다.

YES / NO

만약 이 질문에 YES를 선택한 사람이 있다면, 굉장히 큰 여유가 있다고 보이지만, 프랜차이즈 창업에는 어울리지 않는 사람이라고 판단된다.

회수 기간이 길어질수록 변수는 늘어난다. 프랜테크의 기준은 24개월 이내 시설 투자비 회수다. 그 이상이 걸린다면, 외부 충격 하나로 사업은 쉽게 흔들린다.

열 한 번째 질문

매출 예상은 하나의 시나리오만 있어도 충분하다.

YES / NO

만약 당신이 YES를 선택했다면, 당신은 프랜차이즈 창업에 더 많은 시간을 들여야 할 것 같다.

하나의 가정은 언제든 틀릴 수 있다. 프랜테크는 반드시 유동인구 기반과 시장 점유율 기반, 두 가지 매출 예측을 함께 사용한다. 숫자는 비교될 때만 의미를 가진다.

마지막, 열 두 번째 질문

가족을 설득하는 것은 창업 이후에 생각해도 된다.

YES / NO

이 마지막 질문이 어찌보면 핵심일 수도 있겠다. 자고로 '창업자는 고독한 법이다' 하지만 소위 말하는 독고다이로 사업을 시작하고, 가족을 의견을 뒷전으로 보내는 선택은 도덕적인 문제를 떠나 시스템 적으로도 문제가 있다.

프랜차이즈 창업은 개인의 일이 아니라 가족의 선택이다. 프랜테크는 최소 2가지 논리로 2명 이상의 가족을 설득할 수 있어야 최종 결정을 하도록 요구한다. 설명할 수 없는 선택은 책임질 수 없는 선택이 된다.

앞서 제시한 열두 가지 질문은 정답을 맞히기 위한 문제가 아니다. 이 질문들은 프랜차이즈 창업에 대한 당신의 열정이나 의지를 평가하기 위해 준비된 것도 아니다. 오히려 이 질문들은, 프랜차이즈 창업을 바라보는 당신의 사고방식이 감각과 기대에 머물러 있는지, 아니면 구조와 판단의 단계로 넘어와 있는지를 점검하기 위한 최소한의 기준이다.

우리가 'YES'를 선택한 당신에게 다소 불편한 말을 전달한 것은 사실이다. 하지만 그것은 당신이 부족해서가 아니라 지금까지 프랜차이즈 창업이 충분히 설명되지 않은 방식으로 전달되어 왔기 때문이다. 우리는 오랫동안 프랜차이즈 창업을 '유행을 따라가는 선택'이나 '노력하면 보상받는 일'로 배워왔다. 그러나 실제 현장에서의 프랜차이즈 창업은 전혀 다른 언어로 움직인다. 숫자와 구조, 확률과 리스크가 이 사업의 본질이다.

이 열두 가지 질문을 통해 확인하고자 한 것은 단 하나다. 프랜차이즈 창업은 누구에게나 가능한 선택이지만, 아무런 준비 없이 시작해서는 안 되는 사업이라는 사실이다. 입지와 유동량, 사업성과 계약 구조에 관심조차 없다면, 그 창업은 시작과 동시에 실패의 방향으로 기울어질 수밖에 없다. 그렇기에 이 질문들은 프랜차이즈 창업을 부정하기 위한 장치가 아니라, 감당할 수 없는 실패를 미리 걸러내기 위한 안전장치다.

이제부터 다루게 될 '프랜테크(FranTech)'는 앞선 질문들에 대한 해설이자, 동시에 그 질문에 'No'라고 답을 하며, 그 이유를 설명할 수 있는 사고방식을 만들어가는 과정이다.

프랜테크는 프랜차이즈 창업을 잘하는 요령이 아니라, 하지 말아야 할 선택을 먼저 제거하는 기술이다. 무엇을 선택해야 하는지보다, 무엇을 선택하지 말아야 하는지를 명확히 아는 것에서 창업의 안정성은 시작된다.

앞으로 이어질 내용에서는 프랜차이즈 선별, 상권과 입지 평가, 사업성 분석, 그리고 최종 의사결정에 이르기까지, 프랜차이즈 창업의 전 과정을 네 개의 영역으로 나누어 설명한다. 각 영역은 다시 구체적인 기술로 분해되어 있으며, 이 기술들은 앞서 던진 열두 개의 질문과 일대일로 연결되어 있다. 다시 말해, 질문에서 막혔던 지점이 있다면, 그에 대한 해답은 이후의 프랜테크 내용 속에 들어 있다.

프랜차이즈 창업은 결심으로 시작되는 일이 아니다. 이해와 설명이 가능한 선택이 되었을 때에만 비로소 시작될 수 있는 사업이다. 이제부터는 조급함 대신 구조를, 기대 대신 판단을 익히는 시간이다. 프랜테크를 통해 프랜차이즈 창업을 '할 수 있는가'가 아니라, '해도 되는가'를 스스로 설명할 수 있기를 바란다.

프랜테크가
무엇인가

프랜테크FranTech는 프랜차이즈Franchise와 기술Technology의 결합어로, 감각이나 개인적 경험에 의존하던 기존의 창업 방식에서 벗어나 데이터를 기반으로 분석하고 구조를 이해하며 시스템적으로 의사결정을 수행하는 프랜차이즈 창업 방법론을 의미한다.

이는 '잘될 것 같은 창업 분야와 브랜드'를 고르는 직관의 영역이 아니라, '왜 실패하지 않는가'를 설명할 수 있는 사고 체계로서의 창업을 지향한다. 프랜테크는 창업을 더 이상 운이나 용기의 문제가 아닌, 학습과 훈련이 가능한 기술의 영역으로 끌어올린다.

그러한 관점에서 이 책은 프랜차이즈 창업을 통해 단기간의 큰 성공을 보장하는 비법을 제시하지 않을 것이다. 대신 브랜드의 외형이나 유행을 좇기보다, 그 이면에 숨은 구조를 해석하는 능력, 수익 모델을 세부 단위로 분해해 이해하는 사고법, 그리고 본사와 가맹점 간의 이해관계를 객관적으로 읽어내는 판단 기준을 제시한다. 이를 통해 예비창업자가 감당할 수 없는 실패를 피하고, 실패 확률을 최소화하는 방향으로 의사결정을 내릴 수 있도록 돕는다.

프랜테크에서 말하는 '기술'이란 특정한 도구나 단순한 성공 공식이 아니다. 그것은 오히려 창업을 시도하려는 창업자 자신에게 질문하는 방식이며, 따져보는 기준이고, 선택을 미루거나 거절할 수 있는 판단력이다.

무엇을 믿어야 하고, 무엇을 의심해야 하며, 어떤 지점에서 멈춰야 하는지를 아는 능력이 곧 창업의 기술이 된다. 이 책은 그러한 기술을 단계적으로 익히고 스스로 체화할 수 있도록 구성되었다.

특히 이 책의 가장 큰 특징은 프랜차이즈 가맹 희망자의 시선이 아닌, 대형 프랜차이즈 본사의 점포개발 전문가라는 필자들의 관점에서 서술되었다는 점이다.

필자들은 수많은 입지와 브랜드, 그리고 성공과 실패의 사례를 검토해 온 실무 경험을 바탕으로 '왜 어떤 프랜차이즈는 끝까지 살아남는가'를 설명한다. 이는 개별 점주의 생존 전략을 넘어, 본사 차원에서 설계되는 '실패하지 않는 프랜차이즈 개발 구조'를 이해하게 한다.

결국 프랜테크는 창업을 시작하기 전에 반드시 거쳐야 할 사고 훈련이자, 창업 이후에도 지속적으로 점검해야 할 판단의 기준이다. 이 책은 예비창업자가 프랜차이즈 창업을 선택하는 순간부터 운영 과정

전반에 이르기까지, 스스로의 결정을 설명할 수 있는 언어와 논리를 갖추도록 돕고자 한다. 프랜차이즈 창업이 더 이상 막연한 기대가 아니라, 충분히 설명 가능한 선택이 되기를 바라는 것이 이 책의 출발점이다.

우리는 프랜테크를 크게 4가지 영역으로 나눠서, 예비창업자들을 위한 세부적인 구조를 만들어 줄 것이다.

첫째, 브랜드를 탐색하는 것은 좋은 재료를 선별하는 것이다. 어떤 브랜드가 예비창업자에게 프랜차이즈 창업에 성공을 가져다 줄 것인가를 판단하는 역량을 키운다.

둘째, 상권과 입지를 조사하는 것은 적당한 온도와 용기를 사용하는 것이다. 아무리 좋은 재료라 할지라도 온도나 용기가 맞지 않으면 안 된다. 예비창업자를 성공하는 창업으로 이끌 브랜드를 적정한 상권과 입지에 위치시키는 역량을 키운다.

셋째, 사업성을 분석하는 것은 정확한 레시피로 조리하는 것이다. 예상하는 매출과 마진율에 따라 알맞은 비용을 배분해야 한다. 성공할 수 있는 브랜드, 적합한 상권과 입지가 판단되었다면 프랜차이즈 창업에서 성공할 수 있는 숫자를 사업성 분석을 통해 도출해 내는 역량을 키운다.

넷째, 준비가 되었다면 의사결정을 한다. 구슬이 서말이라도 꿰어야 보배다. 마음가짐과 역량을 갖추었다면 실행해야 한다. 예비창업자가 가맹 계약과 임대차 계약을 하고 실제로 프랜차이즈 브

프랜차이즈 창업의 꿈과 현실

랜드 점포를 열어 운영을 하기 위한 최정 결정이다.

어떻게 계약을 해야 하는가? 돈은 언제 들어가며 어떻게 집행해야 하는가? 그리고 어떻게 얼마의 돈을 벌 수 있을까? 준비된 예비창업자는 실행을 통해 성공할 수 있다. 마음가짐과 역량을 알차게 쌓았다면 이제는 실행을 통해 보배를 거두는 일만 남았다.

준비된 예비 창업자는 프랜차이즈 창업으로 성공을 거두고 다른 예비창업자들에게 좋은 사례로 본보기가 된다. 때로는 프랜차이즈를 운영하는 하나의 점포에서 나아가 프랜차이즈 본사가 되어 사업을 확장해 나갈 수도 있다. 대충해서는 어렵겠지만 구체적인 데이터를 통해 성공하는 숫자를 알고 프랜차이즈 창업을 준비한다면 가능하다.

본서의 내용에 따라 프랜차이즈 창업을 준비한다면 조급하게 서둘러 대기업 김부장의 퇴직금을 쉽게 날리는 일은 일어나지 않을 것이다.

프랜테크에 필요한 12가지 핵심 지표

프랜차이즈 창업에 필요한 4가지 영역을 언급하였다. 본서에서는 4가지 영역에 걸친 기술에 대하여 12가지 핵심 지표를 제시한다.

첫째, 프랜차이즈 브랜드를 선별하는 기술이다. 단위면적당 매출이 1등인 브랜드를 선별하는 것이 핵심이며 월세의 15배 매출이

나와야 한다. 그리고 50개 이상의 점포가 있을 때 창업한다.

둘째, 상권과 입지를 평가하는 기술이다. 상권은 지하철역 일일평균 승하차량을 기준으로 삼으며 40,000명 이상인 지하철역을 우선 검토할 상권으로 한다. 입지는 점포 앞 시간당 유동인구가 400명이상인 입지를 우선 검토할 입지로 검토한다. 여기에 4가지 입지요인에 가중치를 부여하여 평가한다.

셋째, 사업성을 분석하는 기술이다. 손익계산서를 적어봤을 때 적어도 매일 100만원이상 팔 수 있어야 하며 시설에 투자한 비용은 24개월 이내에 회수할 수 있어야 한다. 손익계산은 매출로부터 시작하므로 유동인구에 의한 방법과 시장점유율에 의한 방법으로 매출을 추정한다.

넷째, 의사결정의 기술이다. 단 하나의 정말 좋은 장소가 될 수 있는가에 대한 확신을 가지고 가족에게 2가지 내용에 대하여 설명한 후 설득한다. 4가지 계약에 중요 사항들을 확인한다.

저자는 2010년 경기도 광주에 뚜레쥬르 제과점을 점포개발하였다. 1년 넘게 30여 명의 예비창업자들에게 소개하며 상권과 입지를 검토하고 임대조건 등을 조율한 점포였다. 오랜 기다림 사이에 기울인 노력이 성공한 프랜차이즈 창업의 결과가 되었다.

쉽게 창업에 대한 의사결정이 되지 못하던 중 드디어 상담을 받은 예비 창업자가 창업하겠다고 의사결정을 하였다. 예비창업자는 임대조건을 추가로 협상하며 더 좋은 조건으로 점포를 오픈하기 위해 애

썼다. 당시 예비창업자가 시나리오를 가지고 있지 않았지만 프랜차이즈 창업에 있어 성공하는 기술이 적용되고 있었다.

예상했던 투자비용보다 적게 투자했고 상권과 입지도 경쟁사에 비해 우위를 점했다. 예비창업자의 노력과 운도 더해져 더 큰 성공을 거뒀다. 오랜 시간의 노력은 헛되지 않았고 안전마진이 확보되며 기술이 완벽하게 들어갔다. 조금 더딜 수는 있지만 점포개발자와 예비창업자의 노력으로 창업에 성공했다.

프랜차이즈 창업의 성공에는 기술이 필요하다. 브랜드의 선택, 상권과 입지의 평가, 사업성 분석, 의사결정의 4가지를 판단하는 기술을 예비창업자가 역량으로 내재화한다면 프랜차이즈 창업에 성공한다. 기술을 열정적으로 연마하고 정해 놓은 기준에서 벗어나지 않는다면 예비창업자는 반드시 원하는 결과를 얻는다.

1부부터 4부까지는 각 영역과 지표에 대한 세부적인 이야기를 서술할 것이다.

1부

브랜드 탐색

Fran-Tech:
프랜차이즈 선별의 기술

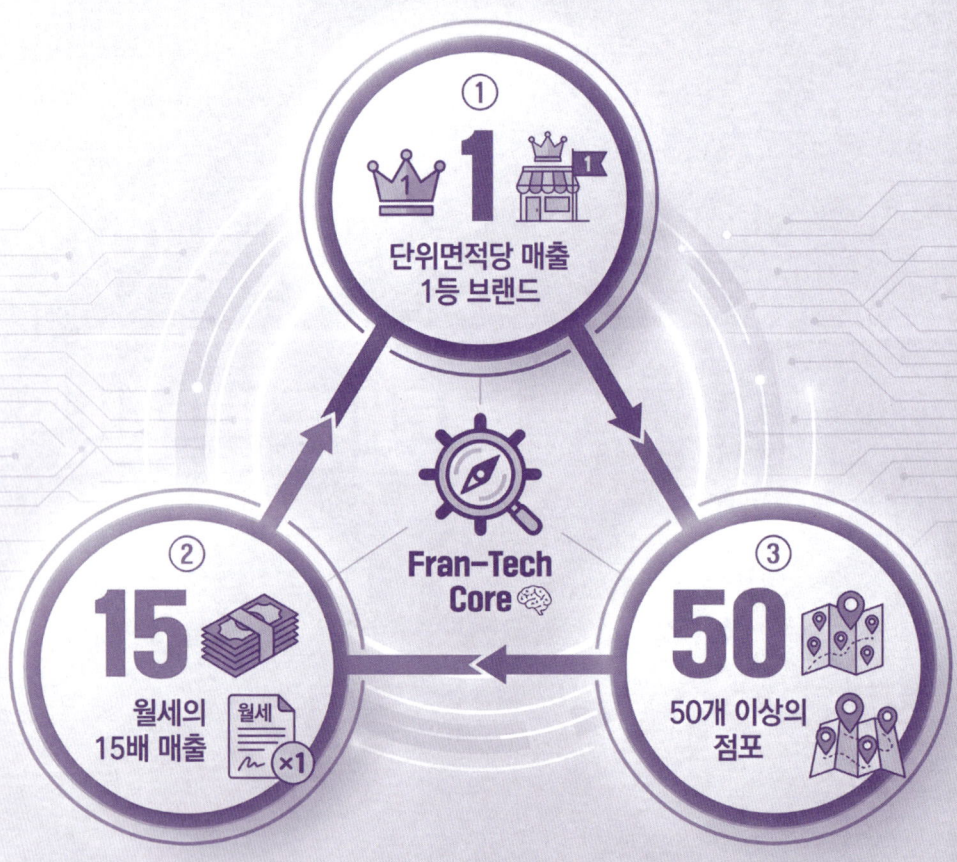

① 단위면적당 매출 1등 브랜드

Fran-Tech Core

② 15 월세의 15배 매출 월세 ×1

③ 50 50개 이상의 점포

프랜차이즈 선별의 핵심기술

단위면적(3.3㎡)당 매출이 1등인 프랜차이즈 브랜드

공정위 가맹희망플러스를 활용하라

프랜차이즈 창업에 대한 경험과 관심의 정도는 사람마다 다르지만, 창업시장에 처음 뛰어든 예비창업자라면 무엇부터 어떻게 시작해야 할지 막막함을 느낄 수밖에 없다. 이럴 때는 우선 다양한 프랜차이즈 정보를 한눈에 확인할 수 있는 공정거래위원회 가맹사업거래 홈페이지를 꾸준히 방문해 보는 것이 출발점이 된다. 다양한 브랜드의 정보공개서를 비교·검토하는 과정만으로도 시장을 바라보는 기본적인 감각을 키울 수 있다.

가맹사업 정보제공시스템 홈페이지에서는 프랜차이즈 브랜드별 정보공개서를 열람할 수 있으며, 주요 지표를 기준으로 브랜드 간 비

가맹사업 정보 제공시스템(https://franchise.ftc.go.kr/index.do)

교도 가능하다. 프랜차이즈 창업을 검토하는 과정에서 브랜드의 구조와 특성을 객관적으로 살펴볼 수 있는 자료가 잘 정리되어 있어, 좋은 브랜드를 선별하는 데 매우 유용한 홈페이지다. 따라서 예비창업자라면 익숙해질 때까지 자주 방문하며 활용하는 것이 도움이 된다.

특히 홈페이지 내 가맹희망플러스 메뉴에서는 프랜차이즈 브랜드의 운영 현황과 핵심 지표를 비교해 볼 수 있다. 다양한 프랜차이즈 정보를 직접 비교하는 과정에서 예비창업자는 자연스럽게 브랜드를 판단하는 자신만의 기준을 세우게 된다. 이러한 반복적인 비교와 분석을 통해 프랜차이즈 창업 전반에 대한 감각을 키울 수 있으며, 궁극적으로는 자신이 희망하는 프랜차이즈 브랜드를 보다 객관적으로

가맹희망플러스 정보공개서 비교 정보

평가할 수 있게 된다.

프랜차이즈를 평가하는 목적은 예비창업자가 창업을 결심하는 시점에 가장 적합한 브랜드를 찾아내기 위함이다. 자신의 상황과 여건에 맞는 좋은 브랜드를 선택할수록 프랜차이즈 창업의 성공 확률은 자연스럽게 높아진다. 이를 위해 예비창업자는 다음의 세 가지 질문을 스스로에게 던져볼 필요가 있다.

첫째, 좋은 브랜드란 무엇인가. 둘째, 왜 좋은 브랜드를 선택해야 하는가. 셋째, 그 브랜드는 지속 가능할 수 있는가이다.

첫째, 좋은 브랜드란 높은 시장 점유율을 확보한 브랜드를 의미한다. 시장 점유율은 동일 업종 내에서 해당 브랜드가 가지는 영향력을 뜻하며, 이는 가맹사업정보시스템에 공개된 점포 수나 단위면적(3.3㎡)당 매출 등의 지표를 통해 판단할 수 있다. 동일 업종 내에서 점포 수 비중이 50% 이상이거나, 단위면적당 매출 격차가 20% 이상 벌어진다면 시장에서 경쟁력을 갖춘 좋은 브랜드로 볼 수 있다.

둘째, 좋은 브랜드를 선택해야 하는 이유는 프랜차이즈 창업 과정에서 임대인과의 협상력을 확보할 수 있기 때문이다. 경쟁력 있는 브랜드가 입점하면 유동인구가 증가하고, 이는 건물 전체의 가치와 분위기에 긍정적인 영향을 미친다. 이러한 이유로 임대인은 좋은 브랜드에 대해 보다 유리한 임대차 조건을 제시할 가능성이 높아진다.

임대인 입장에서도 좋은 브랜드는 월세 수입의 안정성을 높이고, 건물의 이미지 개선과 매각 가치 상승이라는 실질적인 이익을 제공한다. 또한 좋은 브랜드 주변으로 낙수효과를 기대한 다른 브랜드들이 모여들면서 공실 위험이 줄어드는 효과도 발생한다. 이러한 시장의 구조 속에서 좋은 브랜드는 자연스럽게 협상에서 우위를 점하게 된다.

좋은 브랜드가 가진 협상력은 점포개발자, 창업 컨설턴트, 부동산 중개인의 태도에서도 드러난다. 거래 성사 가능성이 높기 때문에 가맹 조건이나 임대차 조건, 중개 수수료 협상에서도 보다 적극적으로 협조하는 경우가 많다. 그 결과 초기 투자비를 줄이거나 무상 임대 기간 확보, 월세 동결 등의 조건을 통해 운영 비용을 낮출 수 있다.

셋째, 좋은 브랜드는 시장의 성장과 쇠퇴에 유연하게 대응하며 장기적으로 발전하는 브랜드다. 단순히 현재의 인기만이 아니라, 오픈과 폐점의 흐름, 양도·양수 현황 등을 통해 브랜드의 지속 가능성을 점검해야 한다. 잠시 '좋아 보이는 브랜드'와 지속 가능한 브랜드는 다르며, 일시적인 유행에 기대 성장한 브랜드는 한순간에 사라질 수도 있다.

특히 설립된 지 3년이 채 되지 않은 브랜드임에도 불구하고 점포 수가 급격히 늘어나고 있다면 주의 깊게 관찰할 필요가 있다. 빠른 확장은 때로는 구조적 불안정성을 내포하고 있기 때문이다. 예비창업자는 속도보다 방향을, 현재의 인기보다 지속 가능성을 기준으로 브랜드를 평가해야 한다.

업종별 단위면적(3.3㎡)당 매출 1등 브랜드는?

2024년 기준 가맹희망플러스를 통해 확인한 음식업종 내 점포 수 상위 브랜드의 일부를 나열하면 다음과 같다. 1) 한식 분야의 본죽&비빔밥, 2) 분식의 이삭토스트, 3) 중식의 탕화쿵푸마라탕, 4) 일식의 미소야, 5) 서양식의 롤링파스타, 6) 기타 외국식의 핵밥, 7) 패스트푸드의 맘스터치, 8) 치킨의 BBQ, 9) 피자의 피자스쿨, 10) 제과·제빵의 파리바게트, 11) 아이스크림의 베스킨라빈스, 12) 커피의 이디야커피, 13) 음료의 공차, 14) 주점의 투다리, 15) 기타 외식 분야의 동대문엽기떡볶이 등이 대표적이다.

　위에 언급한 프랜차이즈 브랜드들은 대부분 소비자와 예비창업자 모두에게 익숙한 이름들이다. 이들 브랜드는 수많은 예비창업자를 창업 성공으로 이끌며 시장에서 지속적으로 성장해 왔다. 창업에 있어 가장 중요한 첫 단추는 검증된 1등 브랜드, 즉 동일 업종 내에서 점포 수 기준으로 선두를 유지하며 지속 가능성을 입증한 브랜드를 선택하는 것이다. 동일 업종에서 점포 수가 가장 많은 브랜드부터 우선 검토하면 방향을 빠르게 잡을 수 있다.

　다음 단계에서는 점포 수가 많은 프랜차이즈 브랜드 가운데서도 단위면적(3.3㎡)당 매출이 가장 높은 브랜드를 선별한다. 이는 단순히 규모만 큰 브랜드가 아니라, 양과 질을 모두 갖춘 프랜차이즈를 선택하는 과정이다. 상대적으로 작은 면적에서도 높은 매출을 창출하는 브랜드는 공간 효율성과 사업성이 뛰어나며, 시장에서 강한 힘을 가진다. 이러한 지표는 공정거래위원회 가맹사업거래 홈페이지를 통해 확인할 수 있다.

　예비창업자는 업종별로 단위면적(3.3㎡)당 월평균 매출액이 높은 프랜차이즈 브랜드를 중심으로 선별·분석해야 한다. 하나의 기준으로 제시할 수 있는 조건은 단위면적당 월평균 매출액이 350만 원 이상이면서 점포 수가 50개 이상인 프랜차이즈 브랜드다. 이러한 기준을 적용하면, 예비창업자는 막연한 선호가 아닌 데이터에 근거해 브랜드를 비교·분석할 수 있으며, 예를 들어 다음과 같은 표 형태로 정리해 검토할 수 있다.

(단위: 개, 천원)

구분	브랜드	가맹 점수	신규 개점	평균 매출액	(3.3㎡)당 연평균 매출액	(3.3㎡)당 월평균 매출액
한식	김사부의곱창명가	84	79	215,416	59,929	4,994
한식	평화김해뒷고기	51	21	549,014	43,604	3,634
분식	신떡순신천할매 떡볶이	80	24	277,338	42,602	3,550
기타외국식	달콤왕가탕후루	531	497	615,265	46,521	3,877
치킨	갓튀긴후라이드	85	56	509,053	41,947	3,496
피자	번쩍피자	50	29	643,006	53,792	4,483
피자	노모어피자	96	92	849,198	52,951	4,413
피자	서오릉피자	63	5	768,639	49,471	4,123
제과제빵	송사부고로케	94	11	306,160	47,866	3,989
커피	천씨씨커피	99	25	239,639	42,878	3,573

2024년 단위면적(3.3㎡)당 월매출 350만원, 가맹점 50개 이상

예비창업자는 먼저 관심 있는 업종에서 단위면적(3.3㎡)당 월평균 매출액이 높은 프랜차이즈 브랜드 다섯 곳을 선정한 뒤, 점포 수가 증가하는 과정에서도 단위면적당 매출이 함께 증가하는지를 확인해야 한다. 일반적으로 점포 수가 늘어나면 단위면적당 매출이 일시적으로 하락할 수 있는데, 이 하락이 단기적인 현상인지 아니면 구조적인 하락인지에 따라 브랜드의 경쟁력을 판단할 수 있다. 단순한 수치가 아니라 '추세'를 읽는 것이 중요하다.

매출 하락이 일시적이라면 신규 점포 오픈으로 고객이 잠시 분산된 결과일 가능성이 크다. 반면 점포 수가 늘어날수록 단위면적당 매출이 지속적으로 하락한다면, 프랜차이즈 본사의 운영 역량이나 브랜드 관리 능력에 문제가 있다고 볼 수 있다. 따라서 점포 수의 증가가 점포당 매출의 성장으로 이어지는 프랜차이즈 브랜드를 선택해야 예비창업자의 창업 성공 확률도 높아진다.

단위면적(3.3㎡)당 월평균 매출액의 절대 수준과 그 추이는 '1등 프랜차이즈'를 가려내는 핵심 기준이다. 진정한 1등 프랜차이즈 브랜드는 점포 수가 증가하더라도 단위면적당 매출이 쉽게 떨어지지 않으며, 오히려 매출이 상승하는 경향을 보인다. 브랜드 인지도가 높아지면서 신규 점포와 기존 점포 간에 시너지가 발생하기 때문이다.

점포 수 증가와 매출 증가가 동시에 나타나는 프랜차이즈 브랜드는 지속 가능한 브랜드라 할 수 있다. 먼저 면적 대비 높은 매출을 만들어내는 역량을 갖춘 브랜드를 찾고, 이후 프랜차이즈 시장 내 경쟁에서 우위를 확보하며 단위면적당 매출을 꾸준히 끌어올리는 브랜드를 주의 깊게 살펴볼 필요가 있다. 이러한 흐름을 보이는 브랜드는 중·장기적으로도 안정적인 성장이 기대된다.

단위면적(3.3㎡)당 매출은 투자 효율과 운영 효율을 동시에 판단할 수 있는 지표다. 동일한 매출을 목표로 하더라도 더 작은 면적으로 창업할 수 있다면 점포 임차 비용과 시설 투자비가 줄어들고, 선택 가능한 입지의 폭도 넓어진다. 단위면적당 매출이 높을수록 최소 매출 달성을 위한 필요 면적이 작아지고, 점포 면적이 줄어들수록 고정비 부담 역시 함께 낮아진다.

점포 면적이 작아질수록 월세와 인테리어 등 설비 투자비가 낮아지고, 인건비 부담도 줄어든다. 결국 단위면적당 매출이 높은 프랜차이즈 브랜드일수록 투자와 운영 측면에서 효율적인 구조를 갖추게 된다. 작은 공간에서 많은 매출을 만들어 내는 브랜드가 예비창업자에게 높은 수익 가능성을 제공하는 이유이며, 이러한 브랜드를 선별하는 데 있어 가장 중요한 기준이 바로 단위면적(3.3㎡)당 매출이다.

다만 이미 단위면적당 매출이 매우 높고 안정적으로 성공을 담보하는 프랜차이즈 브랜드는 초기 투자비가 크고 진입 장벽이 높다는 한계가 있다. 따라서 예비창업자에게는 현재 수치뿐만 아니라 성장 단계에 주목하는 전략이 필요하다. 비교적 이른 시점에서 단위면적당 매출이 높게 나타나고 있으며, 향후에도 성장이 확실시되는 프랜차이즈 브랜드를 선별해내는 것이 장기적인 성공의 관건이다.

실전분석: 커피전문점 사례로 본 브랜드 평가

공정거래위원회의 정보공개서를 비교한 가맹희망플러스 브랜드별 가맹점 현황에서 등록년도와 비교항목, 업종을 지정하면 9개 항목의 정보가 검색된다.

9개 항목은 1) 브랜드 2) 상호 3) 가맹점수 4) 신규개점 5) 계약종료 6) 계약해지 7) 명의변경 8) 가맹점평균매출액 9) 가맹점 면적(3.3㎡)당 평균매출액이다.

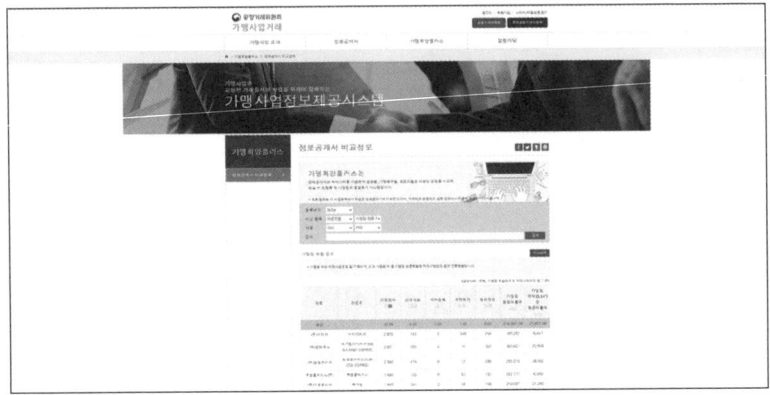

가맹희망플러스 정보공개서 비교 정보

  예비창업자가 공개된 프랜차이즈 브랜드의 정보를 비교하여 평가할 수 있어야 프랜차이즈 창업에 도전한다. 우선 단위면적(3.3㎡)당 매출 1등 프랜차이즈 브랜드라고 찾고 좀 더 정교한 분석을 위해 아래의 5가지 기준도 함께 검토한다.

1) 가맹점수가 가장 많은 브랜드
2) 신규개점수가 가장 많은 브랜드
3) 신규개점과 계약종료, 계약해지를 통해 가장 많은 점포가 순수하게 증가하는 브랜드(신규개점-계약종료-계약해지)
4) 신규개점과 명의변경수의 합을 통해 가장 많은 창업자가 관심을 가지는 브랜드 (신규개점+명의변경)
5) 가맹점 면적(3.3㎡)당 월평균 매출액이 가장 높은 브랜드

1부 브랜드 탐색

커피 업종을 예로 들어 평가해 본다. 프랜차이즈 브랜드 중 점포 수 5위까지의 브랜드는 1) 이디야커피(2805개) 2) 메가엠지씨커피 (2681개) 3) 컴포즈커피(2360개) 4) 투썸플레이스(1484개) 5) 빽다방 (1449개)이다. 점포수가 가장 많은 브랜드는 이디야커피다.

(단위: 개, 천원)

구분	브랜드	가맹 점수	신규 개점	계약 종료	명의 변경	계약 해지	평균 매출액	(3.3㎡)당 평균매출액
1	이디야커피	2,805	143	0	244	343	195,287	6,447
2	메가엠지씨커피	2,681	539	0	333	14	362,621	20,908
3	컴포즈커피	2,360	474	0	338	15	265,013	26,002
4	투썸플레이스	1,484	125	0	132	53	522,117	8,949
5	빽다방	1,449	241	0	108	20	319,087	21,360

2024년 커피전문점 브랜드 점포수 1위에서 5위

그러나 위의 5가지로 평가한 1등 브랜드는 메가엠지씨커피이다. 2 등은 컴포즈커피, 3등은 빽다방, 4등은 이디야커피, 5등은 투썸플레 이스이다. 5가지 항목에 5점 척도로 점수를 매겨보면 아래 표와 같 다. 가장 높은 점수를 받는 프랜차이즈 브랜드가 1등이며 예비창업 자가 평가를 통해 프랜차이즈 창업할 브랜드를 선별할 수 있다.

구분	브랜드	항목1)	항목2)	항목3)	항목4)	항목5)	합계	순위
1	이디야커피	5	2	3	1	1	12	4위
2	메가엠지씨커피	4	5	5	5	3	22	1위
3	컴포즈커피	3	4	4	4	5	20	2위
4	투썸플레이스	2	1	1	2	2	8	5위
5	빽다방	1	3	2	3	4	13	3위

5개 항목 비교를 통한 1위에서 5위 커피전문점 브랜드

분석 대상이 된 다섯 개의 커피 브랜드 가운데 투썸플레이스를 제외한 상위 네 개 브랜드는 메가엠지씨커피, 컴포즈커피, 빽다방, 이디야커피로, 모두 저가 커피전문점 브랜드다. 저가 커피전문점은 단위면적(3.3㎡)당 평균 매출액 측면에서 커피전문점 업종 내에서 압도적인 경쟁력을 보인다. 이는 좌석을 최소화하고 판매 효율에 집중하는 구조를 통해 공간 활용의 효율화를 이뤄냈기 때문이다.

프랜차이즈 브랜드가 점포 수에서도 가장 많고, 동시에 단위면적(3.3㎡)당 매출 역시 가장 높다는 것은 동일 업종 내에서 시장을 폭넓게 점유하며 강력한 경쟁력을 확보하고 있다는 의미다. 예비창업자가 단위면적당 매출과 같은 명확한 기준을 설정해 브랜드를 평가해보면, 커피전문점 업종에서는 저가 커피 프랜차이즈가 상대적으로 성공 확률이 높다는 사실을 확인할 수 있다.

예를 들어, 단위면적(3.3㎡)당 평균 매출액을 기준으로 동일한 매

출을 올리기 위해서는 투썸플레이스가 컴포즈커피에 비해 약 세 배의 면적이 필요하다. 단위면적당 평균 매출액이 투썸플레이스는 8,949,000원인 반면, 컴포즈커피는 26,002,000원이기 때문이다. 동일한 매출과 동일한 손익 구조, 동일한 단위면적당 월세를 가정해 비교하면 이러한 차이는 더욱 분명해진다.

(단위: 원)

구분	비율	투썸플레이스 (30평)	컴포즈커피 (10평)	비고
월 매 출	100%	22,000,000	22,000,000	
매출이익	60%	13,200,000	13,200,000	
- 인건비	25%	5,500,000	5,500,000	
- 판매관리비	10%	2,200,000	2,200,000	
- 월 세	-	4,500,000	1,500,000	평당15만원
영업이익	-	1,000,000	4,000,000	

투썸플레이스와 컴포즈커피 손익계산서 비교

컴포즈커피의 평균 매장 면적인 10평을 기준으로 손익을 계산할 경우, 투썸플레이스는 동일 매출을 내기 위해 약 세 배인 30평의 면적이 필요하다. 이때 투썸플레이스 30평 매장의 영업이익은 약 100만 원인 반면, 컴포즈커피 10평 매장의 영업이익은 약 400만 원으로 나타난다. 이는 투썸플레이스가 추가로 사용하는 20평의 면적에서 약 300만 원의 임대료가 더 발생하기 때문이다.

결국 이 추가 임대료 300만 원이 두 브랜드 간 영업이익 차이로 이어지며, 투썸플레이스는 컴포즈커피에 비해 약 14% 낮은 영업이익률을 기록하게 된다. 물론 두 브랜드는 손익 구조와 평균 매출액에서 차이가 있어 단순 비교에는 한계가 있다. 그럼에도 불구하고 단위 면적(3.3㎡)당 매출이 높고, 결과적으로 약 14% 높은 영업이익률을 보이는 컴포즈커피를 선택하는 것이 운영 효율 측면에서 유리하다는 점은 분명하다.

자주 접할수록
하기 힘들수록

빈도가 높은 제품을 취급해야

"더 이상 빵은 간식이 아니라. 주식主食입니다."

이 말은 필자가 점포개발자가 창업설명회를 시작하며 예비창업자에게 가장 먼저 전하는 이야기다. 1인 가구의 증가와 식생활의 변화로 인해 빵은 더 이상 간식에 머물지 않고 식사의 대용으로까지 소비 영역이 확대되었다. 여기에 다양한 제품 카테고리가 더해지면서, 빵은 일상 속에서 소비자를 지속적으로 사로잡는 식품으로 자리 잡기 시작했다.

식사의 대용이 되었다는 것은 적어도 하루 한 번 이상 소비자에게 노출된다는 의미다. 주 1회 이상의 소비가 반복된다면 이를 '주식主食 개념'으로 볼 수 있는데, 노출 빈도가 높아질수록 소비는 자연스럽게 늘어나고 생활 속 하나의 루틴으로 정착한다. 다만 주식 개념은 상권의 배후 수요와 라이프스타일에 따라 달라지므로, 반드시 상권 특성을 함께 고려해야 한다.

예를 들어 10~20대 여성 중심의 상권에서는 마라탕이 주식에 가까운 소비 형태를 보인다. 반면 30~40대 남성 중심의 상권에서는 마라탕이 주식으로 자리 잡기 어렵다. 점포 수 역시 주식 개념을 판단하는 하나의 기준이 될 수 있는데, 동일 업종 내 프랜차이즈 브랜드의 점포 수가 5,000개를 넘는다면 주식 개념에 근접했다고 볼 수 있다. 이러한 기준으로 보면 마라탕은 점포 수가 약 2,000개 내외로, 아직 주식 개념으로 보기는 어렵다.

최근에는 아침에 밥 대신 빵을 먹고, 점심 역시 샐러드나 샌드위치로 한 끼를 해결하는 사람이 늘고 있다. 이는 단순한 식습관 변화가 아니라 라이프스타일 전반의 변화다. 예비창업자는 이러한 생활 패턴과 트렌드의 변화를 민감하게 읽고 대응해야 한다. 현재 대한민국에서 빵과 커피는 주식 개념으로 자리 잡아, 사람들의 일상에서 떼어낼 수 없는 음식이 되었다.

경기와 무관하게 사람들이 반드시 돈을 지출할 수밖에 없는 곳은 어디일까. 바로 먹고사는 영역이다. 경기가 나쁠수록 소비 패턴은 달라질 수 있지만, 배를 채우기 위한 소비 자체를 줄이기는 어렵다. 디저트나 기호식품 소비는 줄일 수 있어도, 주식에 해당하는 음식은 쉽게 포기할 수 없다.

　이러한 이유로 예비창업자는 일시적인 유행보다는 주식 개념을 취급하는 프랜차이즈 브랜드에 보다 큰 관심을 가질 필요가 있다. 라이프스타일 변화 속에서도 꾸준히 소비되는 영역이야말로, 경기 변동에 상대적으로 강하고 안정적인 창업 아이템이 되기 때문이다.

빵

　바야흐로 베이커리 전성시대다. 빵이 더 이상 간식이 아닌 주식이라는 사실을 의심하는 사람은 거의 없다. 국민의 약 70%가 밥보다 빵을 더 자주 섭취하는 상황에 이르렀고, 이에 따라 베이커리 프랜차이즈 시장은 꾸준히 성장해 왔다. 2010년에도 이미 포화 상태라는 평가를 받았던 파리바게뜨와 뚜레쥬르는, 15년이 지난 지금도 여전히 활발하게 신규 점포를 오픈하고 있다.

　2024년 기준 파리바게뜨와 뚜레쥬르의 총 점포 수는 4,721개로, 인구 약 10,600명당 1개 꼴이다. 신도시나 재개발 지구처럼 새롭게 생활권이 형성되는 지역에서는 여전히 이들 베이커리 프랜차이즈 창업이 안정적인 선택지로 평가된다. 이미 상권이 충분히 형성된 지역에서는 신규 오픈이 쉽지 않지만, 대신 기존 점포의 양도·양수가 꾸준히 이루어지고 있다.

　특정 지역이나 이른바 '핫플레이스'에는 유독 강력한 베이커리 브랜드가 자리 잡고 있는 경우가 많다. 베이커리 업종의 특성상 지역에서 오랜 시간 뿌리를 내리며 시장을 장악한 브랜드가 있다면, 해당 브랜드의 노하우를 전수받아 창업하는 방식도 하나의 대안이 될 수 있다. 일정 수준의 인지도를 갖춘 브랜드라면 기술과 운영 노하우를 전수받아 점포를 운영한 뒤, 이를 기반으로 프랜차이즈 사업으로 확장하는 것도 가능하다.

전수창업은 전수자와 피전수자 간의 협의에 따라 계약 형태로 이루어지며, 기존 상호를 유지한 채 2호점, 3호점으로 점포를 확장하는 경우도 있다. 대전의 성심당, 군산의 이성당, 대구의 삼송빵집, 전주의 풍년제과 등 이른바 '빵지순례'의 대표 주자들은 프랜차이즈화를 허용하지 않는 경우가 많지만, 전수창업 등 다양한 방식으로 예비창업자가 도전해 볼 여지는 존재한다.

대전 성심당은 2024년 기준 매출 1,937억 원, 영업이익 478억 원을 기록했다. 같은 해 파리바게뜨는 매출 1조 9,397억 원에 영업이익 223억 원, 뚜레쥬르는 매출 9,092억 원에 영업이익 299억 원을 기록했다. 단일 브랜드이자 지역 베이커리인 성심당의 영업이익이 대형 프랜차이즈보다 높다는 점은 매우 인상적이다. 한국기업평판연구소가 2024년에 발표한 브랜드 평판 분석에서도 성심당은 제과·제빵 전문점 부문에서 1위를 차지하며, 뚜레쥬르와 던킨도너츠를 앞섰다.

대전의 베이커리 전문점 성심당은 이제 하나의 전설에 가깝다. 주변 상권에 대형 프랜차이즈 베이커리가 입점을 꺼릴 정도로 압도적인 영향력을 가진다. 1956년에 창업해 현재까지 단 세 개의 지점만 운영하고 있지만, 직원들의 애사심과 지역 사회의 지지는 타의 추종을 불허한다. 성심당은 대전 시민을 넘어 전국적인 사랑을 받는 브랜드로 자리매김했다.

대표 메뉴인 튀김소보루는 하루에 1만 개 이상이 판매되는 것으로 알려져 있다. 이처럼 유명 베이커리들은 대부분 오랜 시간 사랑받아 온 대표 메뉴를 보유하고 있다. 소비자의 기억 속에 각인되기 위해서는, 힘 있는 시그니처 메뉴를 갖추는 것이 브랜드 경쟁력의 핵심 요소라 할 수 있다.

군산의 이성당은 단순한 빵집을 넘어 하나의 관광 명소로 인식된다. 전주 한옥마을을 제치고 지역 내 최고 관광지로 선정된 적이 있을 만큼, 근대문화유산에 가까운 위상을 갖고 있다. 대한민국 최초의 단팥빵집이라는 상징성과 함께 '단팥빵의 성지'로 불린다.

대구에는 60년 이상의 전통을 지닌 삼송빵집이 있다. 통옥수수빵이 대표 메뉴로, 최근에는 쇼핑몰을 중심으로 점포가 늘어나며 접근성이 크게 높아졌다. 다만 점포 수 증가로 희소성이 줄어들면서 브랜드의 상징성이 약화되고 있다는 평가도 나온다. 점포 수가 늘어나는 과정에서도 브랜드 경쟁력을 유지할 수 있는지는 예비창업자가 반드시 점검해야 할 요소다.

전주의 풍년제과는 대표 메뉴인 초코빵, 일명 '초코파이'를 전국적으로 유통시키며 인지도를 쌓아왔다. 이처럼 지역 기반 베이커리 브랜드는 단순한 매출을 넘어, 스토리와 상징성을 바탕으로 장기적인 경쟁력을 형성한다. 이러한 사례들은 베이커리 창업을 고민하는 예비창업자에게 중요한 시사점을 제공한다.

커피

아주 작은 커피 브랜드가 하나의 흐름으로 자리 잡고 있다. 밥은 거를 수 있어도 커피는 마셔야 하는 시대, '커피 수혈' 없이는 업무도 육아도 집중하기 어려운 커피 의존의 시대다. 커피는 일상과 극도로 밀착된 소비재가 되었고, 이러한 변화는 저가 커피전문점의 급속한 확장으로 이어졌다.

저가 커피전문점의 3대장으로 불리는 메가엠지씨커피, 컴포즈커피, 빽다방만 보더라도 점포 수는 총 5,285개에 달한다. 인구 약 9,460명당 저가 커피전문점 한 곳이 존재하는 셈이다. 특별한 지식이나 경험 없이도 접근할 수 있는 프랜차이즈 시스템을 갖추고 있으며, 본사에서 마케팅을 담당하고 기본적인 맛을 보장한다는 점, 저렴한 가격과 많은 용량이 주요 특징이다.

저가 커피전문점에서 가장 중요한 요소는 유동인구다. 비교적 작은 평수로 낮은 월세와 적은 초기 투자비로 창업할 수 있다는 장점이 있지만, 유동인구가 많은 입지에 들어가야 한다는 특성상 월세 부담이 커질 수 있다. 또한 객단가가 낮아 많은 판매량이 필요함에도 불구하고, 구조적으로 마진이 크지 않다는 한계도 존재한다.

따라서 예비창업자는 저가 커피전문점의 강점인 낮은 월세와 적은 투자비를 극대화할 수 있는 점포를 확보해야 한다. 매출의 한계는 효율적인 운영으로 보완해야 하며, 인력 운영과 동선, 회전율 관리가 핵심이 된다. 결국 효율적인 운영 구조와 낮은 고정비가 저가 커피전문점 프랜차이즈 창업의 성패를 좌우한다.

커피의 맛과 가격으로 승부하던 저가 커피전문점은 가성비를 무기로 사람들의 일상 속 '주식 개념'으로 자리 잡았다. 최근에는 단순히 마시고 나가는 공간을 넘어, 잠시 머무를 수 있는 공간을 제공하며 동네 아지트로 진화하고 있다. 특히 2023년 이후에는 초기 10평 이하의 소형 매장에서 벗어나, 20평 이상 규모로 확장하며 커피전문점 시장 전반으로 영역을 넓히고 있다.

이러한 진화를 통해 저가 커피전문점은 머무를 수 있는 대형 커피전문점과의 경계를 허물며 시장 점유율을 빠르게 확대하고 있다. 마시지 않고는 버티기 힘든 주식 개념의 소비가 된 저가 커피전문점 프랜차이즈는 예비창업자가 반드시 주목해야 할 영역이다. 더불어 새로운 형태로 등장하는 신생 브랜드가 있다면, 기존 강자뿐 아니라 새로운 브랜드의 가능성에도 함께 관심을 가질 필요가 있다.

분식, 치킨

베이커리와 커피전문점 외에도 사람들의 일상에 꾸준히 개입하며 식생활의 한 축을 차지하는 업종들이 있다. 대표적으로 분식과 치킨 업종이 그렇다. 얼핏 보면 분식과 치킨을 '주식'으로 분류하는 것이 다소 의아하게 느껴질 수 있다. 그러나 대한민국의 식문화 맥락에서 보면, 이 두 업종은 단순한 간식이나 기호식품을 넘어 밥과 빵을 대체하는 독특한 위치를 차지하고 있다.

분식은 간편식이자 대체식의 역할을 동시에 수행한다. 낮 시간대에 먹는 떡볶이, 김밥, 토스트는 간식의 범주에 머무르지 않고 한 끼 식사를 대신하는 경우가 흔하다. 실제로 학생, 직장인, 1인 가구에게 분식은 빠르고 저렴하며 접근성이 높은 '현실적인 식사'다. 이러한 소비 패턴을 반영하듯, 토스트·떡볶이·김밥 등을 취급하는 분식 업종 가운데 점포 수가 400개를 넘는 브랜드로는 이삭토스트, 신전떡볶이, 김가네, 배떡 등이 있다. 이들 브랜드는 '간단하지만 배부른 식사'라는 분식의 본질을 정확히 공략하며 일상 소비 속에 깊숙이 스며들었다.

치킨 업종 역시 주식 개념으로 해석해야 이해가 쉬워진다. 치킨은 흔히 야식이나 기호식으로 분류되지만, 실제 소비 행태를 보면 저녁 식사 자체를 대체하는 경우가 적지 않다. 특히 가족 단위나 1~2인 가구에서는 치킨 한 마리가 곧 한 끼 식사가 된다. 밥을 따로 먹지 않아도 '치킨을 먹었다'는 사실 자체가 식사의 완결성을 갖는 것이 한국 식문화의 특징이다. 이런 이유로 치킨은 외식과 배달, 간편식과 주식의 경계를 자유롭게 넘나드는 독특한 위치를 점한다.

시장 규모 역시 이를 뒷받침한다. 점포 수가 400개를 넘는 치킨 브랜드만 해도 18개에 이르는데, BBQ, BHC, 교촌치킨, 처갓집양념치킨, 굽네치킨, 페리카나, 네네치킨, 멕시카나, 호식이두마리치킨, 지코바양념치킨, 푸라닭, 자담치킨, 60계, 노랑통닭, 가마치통닭, 또래오래, 또봉이통닭, 맥시칸치킨 등이 대표적이다. 이처럼 다수의 브랜드가 장기간 생존하며 확장하고 있다는 사실 자체가 치킨이 일시적 유행이 아니라 구조적인 수요를 가진 업종임을 보여준다.

아이러니하게도 분식과 치킨은 밥과 빵을 밀어내며 '한국형 소울 푸드'로 자리 잡았다. 낮에는 떡볶이와 김밥으로 한 끼를 해결하고, 저녁에는 치킨 한 마리로 식사를 대신하는 소비 패턴은 이미 일상화 되었다. 이는 단순한 식습관의 변화가 아니라, 빠른 속도와 높은 밀도 의 생활 환경 속에서 형성된 한국 특유의 식문화라 할 수 있다.

이처럼 분식과 치킨은 간식과 기호식이라는 기존의 범주를 넘어, 밥과 빵을 대체하는 주식 개념의 업종으로 기능하고 있다. 예비창업 자는 이러한 문화적 맥락과 실제 소비 행태를 함께 이해해야 한다. 분식과 치킨을 '왜 이렇게 많이 먹는가'가 아니라, '왜 이 업종이 일상 에서 사라지지 않는가'라는 질문으로 바라볼 때, 프랜차이즈 창업의 기회 또한 보다 선명하게 보이기 때문이다.

주식 개념으로 자리 잡은 프랜차이즈 브랜드는 결국 돈이 되는 구 조를 갖고 있다. 수익성이 검증되었기에 수많은 경쟁자가 시장에 진 입하고, 그중에서도 경쟁을 이기고 살아남은 브랜드만이 지속적인 성장을 이어간다. 이러한 브랜드를 선별해 프랜차이즈 창업에 나선 다면 성공 확률은 한층 높아질 수밖에 없다.

빵과 커피, 토스트와 떡볶이, 그리고 치킨 다음에는 무엇이 주식 개념의 업종으로 자리 잡게 될까. 예비창업자는 현재의 유행에 머무 르기보다, 앞으로 사람들의 일상에 깊숙이 스며들 가능성이 있는 프 랜차이즈 업종과 브랜드를 찾는 데 지속적인 관심을 기울여야 한다. 그것이 장기적으로 살아남는 창업을 준비하는 가장 현실적인 태도다.

하고 싶어도 할 수 없을지 모른다

열심히 프랜차이즈 브랜드를 탐색하고 연구하다 보면, '이 브랜드로 창업하면 성공할 수 있겠다'는 감각이 생긴다. 그러나 그렇게 느껴지는 브랜드일수록, 정작 예비창업자가 원한다고 해서 쉽게 창업할 수 없는 경우가 많다. 그럼에도 불구하고 탐색 과정에서 이러한 브랜드를 배제하지 말고 끝까지 검토해 보아야 한다. 정말 좋은 프랜차이즈 브랜드는 애초에 "하고 싶어도 할 수 없을지 모른다"는 전제를 안고 접근해야 하기 때문이다.

하고 싶어도 할 수 없는 프랜차이즈 브랜드의 유형은 크게 네 가지로 나눌 수 있다.

첫째, 본사에서 프랜차이즈 창업 승인을 받기 어려운 경우다. 둘째, 과거에는 프랜차이즈 창업이 가능했지만 현재는 불가능해진 경우다. 셋째, 투자비가 높아 개인 창업자가 접근하기 어려운 경우다. 넷째, 거의 직영점으로만 프랜차이즈를 운영하는 경우다.

아이러니하지만, 예비창업자는 바로 이러한 '하고 싶어도 할 수 없는 브랜드'에 오히려 더 많은 관심을 가져야 한다. 어렵게 기회를 얻을수록 경쟁자는 적고, 성공 확률은 상대적으로 높아진다. 쉽게 얻은 것은 쉽게 잃기 마련이지만, 어렵게 얻은 기회는 쉽게 포기하지 않게 되고 그만큼 수확도 크다. 프랜차이즈 창업에서의 성패는 접근성보다 희소성에 있는 경우가 많다.

첫째 유형은 본사에서 프랜차이즈 창업 승인을 받기 어려운 경우다.
창업 희망자가 몰리는 인기 프랜차이즈 브랜드는 대체로 성숙
단계에 접어든 브랜드들이다. 점포 개발, 영업, 구매, 물류 등 프
랜차이즈 시스템이 안정화되어 있어 본사 입장에서는 무리하게
가맹점을 늘릴 필요가 없다. 이 때문에 본사 승인 자체가 매우
까다로운 경우가 많다.

이러한 브랜드의 경우, 예비창업자가 점포개발 담당자를 만나
기조차 쉽지 않다. 어렵게 상담 기회를 얻더라도 태도가 냉담한
경우도 적지 않다. 상담을 기다리는 예비창업자가 많기 때문에
'하면 하고 말면 마는' 식의 태도가 나타나는 것이다. 그럼에도
불구하고 이런 브랜드일수록 쉽게 포기해서는 안 된다. 예를 들
어 파리바게뜨, 동대문엽기떡볶이, 베스킨라빈스와 같은 브랜
드가 여기에 해당한다.

**둘째 유형은 과거에는 프랜차이즈 창업이 가능했으나 현재는 불가능
해진 경우다.** 대표적인 사례가 올리브영이다. 지금은 잘 알려져
있지 않지만, 올리브영은 전국 점포 수가 약 400개에 이르기 전
까지 예비창업자를 대상으로 프랜차이즈 창업을 적극적으로 유
도하던 브랜드였다. 당시에는 정기적으로 창업 설명회를 열었
지만, 예비창업자의 관심은 크지 않았다.

012년을 전후해 올리브영은 프랜차이즈 확장을 점차 중단하고

직영 중심의 운영으로 전환했다. 가맹사업보다 직영사업이 본사와 브랜드에 더 유리하다는 판단 때문이었다. 당시 올리브영은 원브랜드 화장품숍과의 경쟁에 밀려 지금과 같은 위상을 갖지 못했고, 예비창업자에게도 크게 주목받지 못했다.

그러나 이후 원브랜드 화장품숍이 쇠퇴하고 화장품 편집숍 시장의 경쟁자가 사라지면서 올리브영은 압도적인 경쟁력을 확보했다. 그만큼 예비창업자의 관심도 폭발적으로 늘었지만, 프랜차이즈 창업의 문은 이미 닫힌 뒤였다. 프랜차이즈 창업이 중단된 지 10년이 넘었음에도 여전히 가능 여부를 묻는 예비창업자가 있다는 사실은, 그 브랜드의 경쟁력을 역설적으로 보여준다.

2010년대 초반까지만 해도 아리따움, 이니스프리, 에뛰드, 미샤 등 수많은 화장품 브랜드숍이 존재했지만, 점차 편집숍 형태의 올리브영이 이들을 대체했다. 만약 예비창업자가 '브랜드숍에서 편집숍으로의 전환'이라는 트렌드를 미리 읽어냈다면, 프랜차이즈 창업을 통해 큰 기회를 잡았을지도 모른다. 특정 회사의 상품만 소비하던 공간에서, 다양한 브랜드의 상품을 한 번에 소비할 수 있는 공간으로 고객의 선택이 이동한 것이다.

셋째 유형은 투자비가 높아 창업이 어려운 경우다. 한때 멀티플렉스 영화관은 높은 수익성을 자랑하는 매력적인 창업 아이템이었다. 규모가 크다는 이유로 프랜차이즈 창업이 불가능하다고 생각하기 쉽지만, 실제로 CGV, 롯데시네마, 메가박스 가운데 상당수는 직영점이 아닌 위탁 운영 형태로 운영되었다.

위탁 운영자는 본사의 가이드를 받아 시설에 투자하고 운영을 담당한다. 코로나 이전인 2018년에는 연간 관람객이 2억 명에 달했고, 연간 50만 명의 관람객만 확보해도 약 50억 원의 매출과 20% 수준의 영업이익을 기대할 수 있었다. 그러나 멀티플렉스는 장치산업으로 관당 약 7억 원 이상의 투자비가 필요하며, 최소 6개 관을 설치해야 의미 있는 수익 구조가 만들어진다. 이 경우 초기 투자비는 약 40억 원에 달한다.

장기적으로 운영하면 투자비 회수가 가능했지만, 코로나19와 OTT 플랫폼의 급성장은 시장 환경을 완전히 바꿔 놓았다. 콘텐츠 소비 방식이 변화하면서 집객형 시설의 리스크가 커졌고, 멀티플렉스는 더 이상 예비창업자가 감당하기 어려운 아이템이 되었다. 과거에는 집객 효과를 기대하며 멀티플렉스를 유치하던 부동산 개발 전략도 설득력을 잃었다.

넷째 유형은 거의 직영점으로만 프랜차이즈를 운영하는 경우다. 대표적인 예가 다이소다. 생활용품이 필요할 때 가장 먼저 떠올리는 브랜드인 다이소는 대부분의 점포를 직영으로 운영한다. 이미 국민 생활 속에 깊숙이 자리 잡은 만큼, 프랜차이즈 브랜드 중에서도 압도적인 1등 브랜드라 할 수 있다.

그러나 바로 그 이유 때문에 예비창업자가 프랜차이즈로 접근하기는 매우 어렵다. 프랜차이즈 브랜드가 잘될수록, 그리고 본사의 운영 효율이 높아질수록 가맹점의 필요성은 줄어든다. 결국 예비창업자가 접근하기 어려운 브랜드일수록, 그 자체로 시장에서 검증된 성공 모델이라는 점을 기억할 필요가 있다.

생활밀착형 프랜차이즈의 역설: 잘될수록 창업은 어렵다

사용 빈도가 높은 제품을 취급하는 프랜차이즈 브랜드는 사람들의 일상에 깊이 밀착된다. 사람들은 이러한 점포를 반복적으로 방문하며, 브랜드는 자연스럽게 삶 속에 녹아들어 하나의 라이프스타일이 된다. 신도시를 둘러보면 늘 비슷한 프랜차이즈 브랜드가 자리 잡고 있는데, 이는 생활밀착형 점포로서 반드시 필요한 기능을 수행하고 있기 때문이다.

항상 눈에 띄는 프랜차이즈 브랜드일수록 예비창업자의 관심은 집중된다. 그러나 역설적으로 이러한 브랜드는 프랜차이즈 창업의 기회를 얻기 어렵다. 흔하게 보인다는 것은 이미 많은 수요와 경쟁이 존재한다는 의미이며, 그만큼 가맹 기회는 희소해진다. 나아가 해당 브랜드가 가맹점이 아닌 직영점 중심의 운영 전략을 선택했다면, 예비창업자는 하고 싶어도 프랜차이즈 창업에 접근할 수 없다.

프랜차이즈 본사가 직영점 운영을 선호하는 이유는 분명하다. 직영점이 본사 수익에 더 유리하다면, 굳이 그 이익을 가맹점과 나눌 이유가 없기 때문이다. 또한 가맹점을 운영할 경우 운영의 통일성이 흔들릴 수 있고, 다양한 변수와 통제가 어려운 예비창업자와 협업하는 것이 브랜드 확장에 오히려 부담이 될 수도 있다.

이러한 이유로 자주 보이는 프랜차이즈 브랜드일수록, 그리고 잘될수록 예비창업자가 창업 기회를 얻기는 더 어려워진다. 프랜차이즈 창업의 최종 의사결정 권한은 본사에 있기 때문에, 예비창업자가 브랜드의 파트너가 되기 위해서는 본사가 선택할 만한 이유와 조건을 갖추어야 한다. 단순히 '하고 싶다'는 의지만으로는 부족하다.

프랜차이즈 본사가 점포를 직접 운영하고 관리할 충분한 역량을 갖추고 있다면, 여러 제약을 감수하면서까지 가맹점을 늘릴 필요가 없어진다. 이 경우 예비창업자는 프랜차이즈 창업의 기회를 얻기 위해 일정한 자격과 조건을 갖춰야 한다. 접근 자체가 쉽지 않다는 점을 먼저 인정해야 한다.

예를 들어, 생활밀착형 프랜차이즈 브랜드의 경우, 본사가 선호하는 상권과 입지의 건물주이거나 상가 분양주인이라면 가맹 승인 가능성이 높아질 수 있다. 또는 전수창업이나 직영점 운영이 어려운 지역을 공략하는 것도 예비창업자가 프랜차이즈 창업 기회를 만들어내는 전략이 될 수 있다. 결국 관건은 본사가 필요로 하는 조건을 먼저 충족시키는 데 있다.

많은 사람들에게 '프랜차이즈 창업이 불가능하다'고 알려진 브랜드일수록, 그리고 어렵다고 인식되는 브랜드일수록 예비창업자는 오히려 더 깊이 들여다볼 필요가 있다. 하고 싶어도 할 수 없는 프랜차이즈 창업에 성공한다면, 그만큼 성공 가능성은 높아진다. 이미 진입 장벽이 형성되었다는 것은, 해당 브랜드가 시장에서 안정적인 위치에 도달했음을 의미하기 때문이다.

따라서 예비창업자는 프랜차이즈 본사가 필요로 하는 상권과 입지를 직접 발굴하고, 점포 조건을 설계해 본사를 설득해야 한다. 이미 시장에 자리 잡은 프랜차이즈 브랜드와 어울리는 역량을 갖춘 파트너임을 스스로 증명하는 과정이다. 어렵고 가능성이 낮아 보인다는 이유로 포기하기보다는, 프랜차이즈 창업에서 성공하고자 한다면 '어차피 안 될 것'이라는 생각을 버리고 '어떻게든 해보겠다'는 태도로 도전해야 한다.

월세의 15배 매출이 예상되는 프랜차이즈 브랜드

고정비용과 손익구조

예비창업자는 점포를 운영하는 고정비용을 프랜차이즈 브랜드의 손익 구조와 연결해 기준을 세워야 한다. 고정비용을 감당할 수 있는 손익 구조를 갖춘 프랜차이즈 브랜드를 선별해 내는 역량이 창업 성패를 좌우한다. 특히 고정비용 가운데 월세는 매출 변동과 직접적으로 연동되지 않기 때문에, 월세를 감당할 수 있는 매출 기준을 명확히 설정하는 것이 중요하다. 월세와 매출을 함께 놓고 검토함으로써 해당 프랜차이즈 브랜드가 창업에 적합한지 판단할 수 있다.

매출을 정확히 예측하는 일은 쉽지 않지만, 점포의 월세 수준에 따라 감당 가능한 매출을 가늠하는 것은 상대적으로 어렵지 않다. 프랜차이즈 브랜드의 손익 구조를 기준으로, 월세를 안정적으로 지불할 수 있는 매출 규모를 산출하면 된다. 예를 들어 월세 비중을 매출의 7% 이내로 감당할 수 있는 구조라면, 월세의 약 15배 수준의 매출을 기대할 수 있는 브랜드인지 점검해야 한다.

예비창업자는 월세를 감당할 수 있는 매출을 실현할 가능성이 높은 프랜차이즈 브랜드를 선택해야 한다. 매출과 비용의 구조에 따라 예비창업자의 실제 이익이 결정되기 때문이다. 월세가 과도하게 높을수록 프랜차이즈 운영은 빠르게 부담이 커진다. 고정비용의 항목이 많고 그 수준이 높을수록 매출이 하락했을 때 대응 여지는 더욱 줄어든다.

프랜차이즈 브랜드가 감당할 수 있는 손익 구조에 맞춰, 월세를 매출 대비 일정 비율의 수수료 형태로 협상하는 것이 가장 이상적이다. 그러나 현실적으로 임대인은 이러한 조건을 선호하지 않는다. 임대인은 매월 확정적으로 들어오는 고정 월세를 선호하기 때문이다. 결국 예비창업자는 고정비용인 월세의 적정 범위를 스스로 판단하고, 그 범위를 기준으로 임대차 조건을 설정해야 한다.

최근에는 물가와 인건비 상승으로 인해, 최소한 이틀 치 매출로 월세를 감당할 수 있어야 안정적인 운영이 가능하다는 인식이 확산되고 있다. 예를 들어 일매출이 100만 원이라면, 이틀 치 매출인 200만 원 수준이 적정 월세의 기준이 된다. 월세가 매출의 7% 수준이라면, 월세의 약 15배에 해당하는 월매출은 최소 3,000만 원이 되어야 한다. 이러한 기준을 바탕으로 예비창업자는 월세 200만 원을 상한선으로 삼아 임대차 계약을 협의하는 것이 바람직하다.

월매출	일매출	월세	비고
3,000만원	100만원	200만원	월매출=월세*15

안정적 운영이 가능한 월세 기준표

초기 투자비와 예비창업자가 목표로 하는 이익 수준은 프랜차이즈 브랜드의 손익 구조에 따라 달라질 수 있다. 그러나 하나의 공통 기준으로는 '월세의 15배 매출'을 활용해 프랜차이즈 브랜드의 경쟁력을 판단할 수 있다. 월세의 15배 이상에 해당하는 매출을 안정적으로 발생시킬 수 있는 브랜드라면 경쟁력이 높은 브랜드로 볼 수 있으며, 월세의 15배 이하의 매출이 예상되는 브랜드라면 상대적으로 경쟁력이 낮은 브랜드로 분류할 수 있다.

예비창업자가 월세를 감당할 수 있는 손익 구조를 스스로 검토할 수 있다면, 경쟁력 있는 프랜차이즈 브랜드를 선별하는 것이 가능해진다. 예를 들어 월세를 3일치 매출로 감당할 수 있는 구조라면, 월매출은 월세의 약 10배 수준으로 예상되므로 비교적 경쟁력이 높은 브랜드라 할 수 있다. 반대로 월세를 1.5일치 매출로 감당해야 하는 구조라면, 월매출은 월세의 약 20배 수준이 필요하므로 손익 구조상 부담이 크고 경쟁력이 떨어지는 브랜드로 판단할 수 있다.

비용을 따져야

프랜차이즈 브랜드를 창업하고 유지하기 위해서는 비용이 발생하며, 이는 크게 투자비용과 운영비용으로 나뉜다. 먼저 투자비용은 점포를 오픈하기 위해 임대한 공간에 프랜차이즈 브랜드의 '옷'을 입히는 과정에서 발생하는 비용이다. 임대차 계약을 위한 보증금이 필요하고, 가맹비·교육비·시설 투자비 등 프랜차이즈 가맹에 따른 비용도 함께 발생한다.

투자비용을 판단하는 가장 기본적인 기준은 금리다. 아무런 위험을 감수하지 않고 은행에 자금을 예치해도 이자가 발생하는데, 프랜차이즈 창업을 통해 그보다 낮은 수익밖에 얻지 못한다면 굳이 창업을 선택할 이유가 없다. 따라서 프랜차이즈 창업으로 얻는 이익은 최소한 은행 이자 이상의 수준이어야 한다. 예를 들어 임대보증금 1억 원, 가맹 관련 비용 1억 원, 연 이자율 3%를 단순 적용하면 연간 600만 원, 월 기준으로는 약 50만 원 이상의 이익을 목표로 삼아야 한다.

다만 투자비용의 성격에 따라 목표 이익은 달라진다. 임대보증금은 계약 종료 시 원금 회수가 가능하므로, 보증금 1억 원에 대해서는 연 3% 이자를 적용해 월 25만 원 정도의 이익을 기대하면 된다. 반면 가맹비와 시설비 등 약 1억 원의 가맹 관련 비용은 원금 회수가 어려운 비용이므로, 이를 2년 안에 회수한다고 가정하면 매월 약 417만 원의 이익이 필요하다. 이 둘을 합산하면 예비창업자가 목표로 해야 할 월 이익은 약 442만 원이 된다.

이처럼 투자비용을 회수할 수 있는지 여부에 따라 예비창업자가 설정해야 할 목표 이익은 크게 달라진다. 모든 비용은 성격이 다르므로, 비용의 특성에 따라 목표 이익을 구분해 산정해야 한다. 가능하다면 초기 투자비용을 낮추고, 그중에서도 회수가 가능한 비용의 비중을 높이는 것이 바람직하다.

다음으로 운영비용은 점포 오픈 이후 매월 지속적으로 발생하는 비용이다. 프랜차이즈 본사에 지급하는 원재료 매입비와 로열티, 임대차 계약에 따른 월세와 관리비, 그리고 인건비 등이 대표적인 운영비용에 해당한다. 운영비용의 관리 기준은 앞서 설정한 예비창업자의 목표 이익이다.

예를 들어 예상 월매출이 3,000만 원인 점포를 가정해 보자. 프랜차이즈 브랜드의 원재료 매입비와 로열티를 포함한 원가율이 40%라면 매출이익은 1,800만 원이지만, 원가율이 50%라면 매출이익은 1,500만 원으로 줄어든다. 원가율 10% 차이가 곧바로 300만 원의 이익 차이로 이어지는 만큼, 원가율은 실질적인 수익 구조에서 매우 중요한 요소다.

그러나 이 원가율 구조를 정확히 파악하는 일은 생각보다 쉽지 않다. 본사에서는 종종 가장 효율적으로 운영되는 점포를 기준으로 설명하기 때문이다. 따라서 예비창업자는 반드시 다양한 점포 사례를 직접 확인하고, 보수적인 관점에서 원가율을 재검토해야 한다. 조사 결과, 제시된 원가율보다 5% 이상 높은 수치가 반복적으로 확인된다면 해당 프랜차이즈 브랜드는 검토 대상에서 제외하는 것이 바람직하다.

예비창업자가 목표한 이익을 실현하기 위해서는 운영비용에 대한 통제가 필수적이다. 운영비용은 변동비용과 고정비용으로 구분되는데, 변동비용인 원가율은 40% 이내, 고정비용인 월세는 매출 대비 7% 이내로 관리할 수 있을 때 프랜차이즈 창업의 성공 가능성이 높아진다. 물론 업종과 매출 구조, 인건비 수준에 따라 달라질 수 있으므로, 예비창업자는 브랜드별로 현실적인 기준을 설정해야 한다.

비용에 대한 기준이 없다면 프랜차이즈 창업 여부를 결정하기도 어렵고, 운영 중 적자가 발생했을 때도 적절히 대응하기 힘들다. 프랜차이즈 창업은 한 번 결정하면 쉽게 되돌릴 수 없는 선택이다. 그렇기 때문에 시작하기 전, 아직 바꿀 수 있을 때가 가장 중요하다. 어렵고 불편하더라도 예비창업자는 비용을 꼼꼼히 따지고, 협상을 통해 조정하려는 노력을 반드시 거쳐야 한다.

투자

제과점과 저가 커피전문점 프랜차이즈 브랜드에 투자하는 경우를 예로 들어 손익을 계산해 보았다. 제과점은 평균 매출 5,000만 원의 7%인 월세 350만 원을, 저가 커피전문점은 평균 매출 3,000만 원의 7%인 월세 200만 원을 기준으로 가정한다. 투자비용은 가맹 관련 비용으로 설정하고, 목표 이익은 해당 가맹비용을 24개월로 감가상각해

업종	투자비	목표이익	월매출	매출원가	판관비	월세
제과점	2.0억원	900만원	5,000만원	2,250만원	1,500만원	350만원
비율		18%	100%	45%	30%	7%
커피전문점	1.2억원	540만원	3,000만원	1,050만원	1,200만원	200만원
비율		18%	100%	35%	40%	7%

제과점과 커피전문점의 매출대비 월세 비중

회수하는 것을 기준으로 손익을 산출했다. 그 결과는 아래 표와 같다.

이 사례가 보여주는 핵심은 예상 매출과 프랜차이즈 브랜드의 손익 구조를 기준으로 월세를 정해야 한다는 기본 원칙이다. 예비창업자는 투자비를 최대한 낮추는 동시에, 목표 이익을 달성하기 위해 가정한 매출의 7% 수준을 월세 상한선으로 설정하고 이를 지켜내는 협상을 해야 한다. 그러나 실제 협상 과정에서는 주변 월세 시세나 기존 임차인이 지불하던 월세를 근거로 임대인이 조건을 제시하는 경우가 많다.

이때 예비창업자가 월세 협상의 기본 원칙을 갖고 있지 않다면, 잘못된 판단으로 무리한 조건을 받아들일 위험이 크다. 반대로 '월세는 매출의 7%를 넘지 않아야 한다', '월세의 15배 이상 매출이 발생해야 한다'와 같은 명확한 기준이 있다면 협상 과정에서도 쉽게 흔들리지 않는다. 기준은 예비창업자를 보호하는 최소한의 방어선이다.

예비창업자는 반드시 자신이 감당할 수 있는 월세를 기준으로 임대차 계약에 임해야 한다. 월세를 최대한 높게 받으려는 임대인, 중간 지점에서 타협을 원하는 중개인, 빠른 계약 체결을 바라는 점포개발자와 프랜차이즈 본사까지 동시에 상대해야 하는 상황에 놓이게 된다. 이 모든 압박 속에서 기준이 없다면 판단은 흐려질 수밖에 없다.

그럼에도 불구하고 월세가 여전히 예비창업자가 감당 가능한 수준이 아니라면, 절대 서둘러서는 안 된다. "이미 다른 사람이 보고 갔다", "월세는 비싸지만 권리금이 없어 좋은 기회다"와 같은 다양한 유혹이 뒤따를 것이다. 그러나 예비창업자는 흔들리지 않고, 스스로 설정한 월세 기준과 비용 원칙을 끝까지 지켜내야 한다. 프랜차이즈 창업에서 지켜낸 기준 하나가, 이후 수년간의 생존과 수익을 결정짓는다.

성공확률은 15%,
연속 성공확률은 2%

고객을 사로잡은 트렌드를 파악하자

프랜차이즈 브랜드에 대한 힌트는 어디에서, 그리고 어떻게 얻을 수 있을까. 최근처럼 프랜차이즈 박람회나 공정거래 관련 사이트가 활성화되기 이전에는, 예비창업자들이 직접 현장을 찾아 트렌드를 읽어야 했다. 과거에는 명동, 강남역, 홍대와 같은 가두상권을 최소 분기마다 방문하며 프랜차이즈 브랜드의 변화를 확인하는 것이 기본적인 탐색 방식이었다. 이후 2016년 전후로는 쇼핑몰이, 2020년 이후에는 배달 업종이 프랜차이즈 브랜드의 주요 무대로 떠오르며 시장의 중심이 이동하기 시작했다.

프랜차이즈 창업의 주무대였던 가두상권의 영향력이 약화되면서,

프랜차이즈 매출의 상당 부분은 몰과 온라인으로 이전되었다. 이러한 변화 속에서 예비창업자는 더 이상 가두상권만을 바라볼 수 없게 되었다. 이제는 명동이나 강남역 같은 전통적인 상권뿐 아니라, 대형 몰과 온라인 채널에서 나타나는 트렌드 변화에도 함께 주목해야 한다.

특히 몰은 지역 상권의 고객을 흡수하는 강력한 앵커테넌트를 중심으로 성장한다. 막대한 자본을 투입해 사람을 모으고, 스토리텔링을 통해 공간 자체를 하나의 콘텐츠로 구성한다. 몰은 더위와 추위를 피하는 피신처(Shelter)를 넘어, 즐거움을 제공하는 놀이터Playground로 기능하며 사람들을 끌어들인다. 이러한 구조 자체가 이미 하나의 시장 신호다.

최근 화제가 되는 더현대서울이나 스타필드에 입점한 프랜차이즈 브랜드를 살펴보면, 현재 소비 트렌드를 비교적 선명하게 읽을 수 있다. 소비자들은 단순한 쇼핑 공간이 아니라 복합문화공간과 테마화된 장소를 선호한다. 사진과 SNS를 통해 경험을 공유하고 자신을 표현하며, 문화·예술과 키덜트 요소를 즐기는 취향 소비에 적극적으로 몰입하는 경향을 보인다.

러한 이유로 예비창업자는 몰에 입점한 프랜차이즈 브랜드가 무엇인지, 그리고 고객이 그 공간에서 무엇을 소비하고 있는지를 유심히 살펴볼 필요가 있다. 동시에 온라인과 배달 시장에서 빠르게 성장하고 있는 프랜차이즈 브랜드 역시 점검 대상이 된다. 물론 현실적으로 예비창업자가 몰에 입점하기는 쉽지 않고, 배달 업종 역시 사업성이 낮아 보일 수 있다. 그럼에도 불구하고 다양한 채널을 관찰하는 과정

자체가 프랜차이즈 창업의 기회를 발굴하는 중요한 훈련이 된다.

비록 직접적인 창업 기회를 얻지 못하더라도, 몰에 입점한 프랜차이즈 브랜드와 그 운영 방식을 관찰하는 것만으로도 배울 점은 많다. 몰이 선택한 앵커테넌트는 고객을 끌어모으는 기술을 갖고 있으며, 높은 월세를 감당하면서도 생존하는 프랜차이즈 브랜드는 그만한 이유를 가지고 있다. 이들이 어떻게 매출을 만들고, 공간과 고객을 관리하는지를 분석할 필요가 있다.

예비창업자가 몰에서 얻은 교훈은 가두상권이나 온라인 채널에서의 프랜차이즈 운영에도 충분히 적용할 수 있다. 프랜차이즈 본사가 몰 입점을 통해 경쟁력을 입증했다면, 해당 브랜드는 가두상권에서도 경쟁력을 가질 가능성이 높다. 나아가 장기적으로 발전 가능성이 높은 프랜차이즈 브랜드로 성장할 여지도 크다. 이러한 브랜드야말로 예비창업자가 지속적으로 관심을 기울여야 할 대상이다.

성공하는 문은 좁다. 많이 경험하고 체험하자

프랜차이즈 창업의 성공 확률은 대략 15% 수준이라고 볼 수 있다. 통계적으로 폐업하는 비중이 약 60%, 폐업하지는 않았지만 수익이 나지 않는 비중이 약 15%, 수익은 나더라도 재투자 비용과 예비창업자의 인건비를 고려하면 실질적인 수익이 크지 않은 비중이 약 10%라고 가정하면, 남는 약 15% 정도만이 '창업에 성공했다'고 말할 수 있는 구간에 들어간다.

문제는 이 15%의 성공이 예비창업자에게 또 다른 도전을 부추긴다는 점이다. 한 번 성공한 뒤 두 번째 창업에 도전하는 순간, 예비창업자는 다시 15%의 확률에 배팅하게 된다. 두 번 연속 성공할 확률은 단순 계산으로 0.15×0.15=0.0225, 즉 약 2.25%에 불과하다. 이처럼 예비창업자가 프랜차이즈 창업에서 '연속 성공'을 거두는 가능성은 매우 낮다.

그렇다면 예비창업자가 그 15% 안에 들어가기 위해 무엇을 해야 할까. 답은 결국 경험과 체험이다. 프랜차이즈 창업을 결심하기 전에 브랜드를 탐색하고, 성공 확률을 높이기 위한 노력을 반복해야 한다. 성공하는 프랜차이즈 브랜드를 지속적으로 관찰하고, 성공 확률이 높은 브랜드를 선별해 내는 역량을 갖추려는 과정이 필요하다.

성공하는 예비창업자가 되기 위해서는 '비빌 언덕'이 있어야 한다. 그 비빌 언덕은 결국 좋은 프랜차이즈 브랜드를 선별해 내는 능력이다. 그리고 이 능력은 책상 앞에서만 만들어지지 않는다. 많이 보고, 많이 듣고, 많이 해보는 과정이 필요하며, 이는 곧 성공을 위한 씨앗을 뿌리는 단계다. 성공하는 프랜차이즈 브랜드를 찾기 위해 예비창업자가 지속적으로 실천할 네 가지 행동을 제안한다.

첫째, 프랜차이즈 브랜드의 창업설명회에 참석한다.
둘째, 프랜차이즈 브랜드 점포를 자주 방문한다.
셋째, 관심 있는 프랜차이즈 브랜드 점포에서 아르바이트를 해본다.
넷째, SNS 등을 통해 관심 브랜드의 동향을 지속적으로 관찰한다.

이 네 가지 원칙은 어쩌면 너무 기본적이고 당연한 이야기처럼 들릴 수 있다. 그러나 중요한 것은 "알고 있느냐"가 아니라 "해봤느냐"다. 실행을 통해 프랜차이즈 창업의 현실을 체감해야만 판단력이 생긴다. 경험과 체험이 쌓이면 예비창업자에게 성공의 길이 보이기 시작하며, 그 과정 자체가 프랜차이즈 창업의 성공 가능성을 높여준다.

첫째, 프랜차이즈 브랜드의 창업설명회에 자주 참석해야 한다. 과장처럼 들릴 수 있지만 100번을 목표로 삼을 정도의 마음가짐이 필요하며, 최소한 10개 이상의 서로 다른 프랜차이즈 브랜드 창업설명회에는 반드시 참석해 봐야 한다. 그래야 업종과 브랜드에 대한 이해도가 빠르게 올라가고, 비교할 수 있는 기준이 생긴다.

창업설명회에서는 예비창업자가 혼자서는 얻기 어려운 업종의 시장 현황, 경쟁 브랜드의 포지션, 본사의 전략과 방향성 같은 정보를 비교적 쉽게 얻을 수 있다. 물론 설명회에서 제공하는 정보를 그대로 믿어서는 안 된다. 그러나 여러 브랜드의 설명회를 반복해서 듣다 보면 정보가 교차 검증되고, 예비창업자 스스로 정보의 신뢰도를 판별할 수 있는 감각이 생긴다. 결국 많이 듣고 비교하는 과정이, 성공 확률을 조금이라도 끌어올리는 가장 현실적인 출발점이 된다.

가맹희망플러스에서 확인한 1등 프랜차이즈 브랜드의 데이터와 단위면적당 매출로 탐색한 '브랜드의 힘'을 실제로 검증하는 과정이 바로 창업설명회다. 처음 창업설명회에 참석한 예비창업자는 분위기가 낯설고 무엇을 물어봐야 할지 몰라 점포개발자에게 한마디도 하지 못할 수 있다. 그러나 설명회에 반복적으로 참석하다 보면 자연스럽게 궁금한 지점이 생기고, 점차 구체적인 질문을 던질 수 있게 된다.

창업설명회에서는 점포개발자가 예비창업자의 궁금증을 얼마나 성실하게 해소해 주는지, 그리고 브랜드의 핵심 사항을 명확하게 전달하는지를 살펴볼 필요가 있다. 이 과정에서 예비창업자는 해당 브랜드에 대한 이해도를 쌓게 되고, 점차 프랜차이즈 브랜드의 성공 가능성을 가늠할 수 있는 감을 갖추게 된다. 설명회는 단순한 정보 전달의 자리가 아니라, 예비창업자의 판단력을 키우는 학습의 장이다.

가능하다면 업종 내 선두 브랜드부터 검토하는 것이 바람직하다. 따라서 1등 프랜차이즈 브랜드의 창업설명회에는 반드시 참석해야 한다. 또한 1등 브랜드와의 비교를 통해 시장 내 경쟁 구도를 파악하기 위해, 2등 프랜차이즈 브랜드의 창업설명회에도 함께 참여하는 것이 좋다. 비교를 통해서만 브랜드 간 차이가 보인다.

만약 1등 브랜드의 시장점유율이 2위 브랜드와 큰 격차를 보이지 않거나 경쟁력이 압도적이지 않다면, 미리 눈여겨본 차선책 프랜차이즈 브랜드의 창업설명회에도 참여할 필요가 있다. 여러 설명회를 반복해 참석하다 보면 예비창업자는 자연스럽게 시장 규모와 시장점유율에 대한 감각을 갖게 되고, 이를 바탕으로 보다 합리적인 브랜드 선택이 가능해진다.

창업설명회 이후에는 점포개발 담당자와 1:1 상담을 받을 수 있는데, 예비창업자에게는 이 과정을 적극적으로 활용할 것을 권한다. 다만 상담 과정에서 점포개발자의 태도가 단순한 호객행위인지, 아니면 진정성 있는 정보 제공인지 예비창업자가 스스로 판단해야 한다. 점포개발자와의 대화는 프랜차이즈 브랜드의 역량을 가늠할 수 있는 중요한 단서가 된다.

프랜차이즈 브랜드의 경쟁력이 충분하지 않은 경우, 점포개발자는 사업모델이나 수익구조, 시장 규모와 성장 전략에 대한 설명보다는 '지금 오픈해야 한다'는 식의 창업 유도에 집중하기 쉽다. 오픈 자체에만 집착하는 점포개발자를 만났다면, 예비창업자는 정중히 상담을 종료하는 것이 바람직하다. 이는 제공되는 정보의 신뢰성을 의심해 볼 필요가 있다는 신호이기 때문이다.

상담이 구체화되면 점포개발자가 실제 출점을 검토 중인 점포를 예비창업자에게 제안하는 경우도 있다. 이때 추천받은 상권과 점포를 직접 둘러보는 현장 투어는 매우 유용한 정보 수집의 기회가 된다. 현장 투어를 통해 상권을 직접 체험하고, 점포개발자의 설명을 통해 상권 분석에 드는 시간을 단축할 수 있다. 예비창업자는 가능한 한 자주 현장에 나가 상권을 경험하고, 입지를 직접 확인하는 과정을 반복해야 한다.

프랜차이즈 브랜드들이 한자리에 모여 자신들의 사업을 소개하는 창업박람회 역시 반드시 병행해 살펴볼 필요가 있다. 수도권 기준으로만 보더라도 프랜차이즈 박람회는 연간 5회 이상 정기적으로 개최된다. 보통 3일 정도의 일정으로 진행되며, 제일전람이나 한국프랜차이즈산업협회 등을 통해 코엑스, 킨텍스, SETEC 등 주요 전시장에서 열린다.

창업박람회의 가장 큰 장점은 짧은 기간 안에 다양한 업종과 여러 프랜차이즈 브랜드를 한눈에 비교할 수 있다는 점이다. 예비창업자는 개별 브랜드의 설명회에 일일이 참석하지 않더라도, 시장의 전반적인 흐름과 트렌드를 빠르게 파악할 수 있다. 따라서 창업설명회와 함께 프랜차이즈 박람회 참석을 병행한다면, 프랜차이즈 창업을 준비하는 과정에서 보다 입체적인 시야를 갖추는 데 큰 도움이 된다.

둘째, 프랜차이즈 브랜드의 점포를 직접 방문한다. 현장 투어 시에는 관심 있는 업종의 프랜차이즈 브랜드뿐만 아니라, 해당 업종 내 1등 프랜차이즈 브랜드의 점포도 함께 방문하는 것이 좋다. 고객의 관점에서 업종과 브랜드의 특성을 파악하고, 동일 프랜차이즈 브랜드의 여러 점포를 방문하며 동일한 제품과 서비스가 일관되게 제공되는지를 확인해야 한다.

반복적으로 방문하다 보면 예비창업자는 해당 프랜차이즈 브랜드의 장단점을 자연스럽게 파악하게 된다. 특히 점포 간 편차가 크게 느껴진다면, 그 원인을 반드시 살펴봐야 한다. 가맹점주의 운영 역량 차이에서 비롯될 수도 있지만, 프랜차이즈 시스템 자체가 제대로 작동하지 않는 경우일 수도 있다. 슈퍼바이저의 점포 관리 역량은 충분한지, 매뉴얼과 운영 시스템이 실제로 존재하고 작동하는지 점검할 필요가 있다.

예비창업자가 선택하는 것은 프랜차이즈 브랜드이지, 전수 창업이나 개인 브랜드가 아니다. 따라서 동일한 품질의 제품과 서비스가 제공되는지가 프랜차이즈 선택의 핵심 기준이 되어야 한다. 점포 방문 결과, 프랜차이즈 시스템이 제대로 작동하지 않아 점포마다 운영 방식과 품질이 제각각이라면 해당 브랜드는 선택 대상에서 제외하는 것이 바람직하다.

예비창업자가 프랜차이즈 브랜드의 실험 대상이 될 필요는 없다. 만약 실험 대상이 될 바에는, 차라리 스스로 시스템을 만들어 개인 창업을 경험하는 편이 더 효율적일 수 있다. 프랜차이즈 시스템이 실제로 작동하는지를 확인하는 가장 효과적인 방법은, 예비창업자가 직접 가맹점주를 만나 인터뷰하는 것이다. 물론 성향에 따라 가맹점주와의 대화가 부담스럽게 느껴질 수 있다. 그러나 여러 차례 시도하고 점포를 방문하다 보면 점차 자연스러워진다. 무엇보다 현재 운영 중인 가맹점주의 경험은 프랜차이즈에 대한 가장 현실적이고 정확한 정보다. 점포개발자가 아무리 객관적으로 설명하더라도, 실제 운영자의 경험을 대체할 수는 없다.

먼저 경험한 선배의 조언은 언제나 유용하다. 현재의 가맹점주는 미래의 예비창업자 자신의 모습이기도 하다. 가맹점주를 통해 창업 이후의 현실을 구체적으로 그려보아야 한다. 모든 정보는 단일한 사실이 아니라 여러 정보 중 하나로 받아들이고, 예비창업자는 얻은 정보를 두세 번 교차 확인해야 한다. 전 재산이 투입될 수도 있는 창업 결정이라면 이는 지극히 당연한 절차다.

가맹점주로부터 조언을 들을 때 가장 묻기 어렵지만 반드시 확인해야 할 정보는 매출이다. 실제 가맹점주가 체감하는 매출과 창업설명회에서 점포개발자가 제시하는 매출을 비교해 보아야 한다. 두 수치 간 차이가 크다면 그 이유와 예상 매출 산정 방식이 합리적인지 판단해야 한다. 예비창업자는 가능한 한 많은 가맹점주를 인터뷰하며 매출 데이터를 객관화하고, 이를 통해 자신만의 판단 기준과 노하우를 쌓아가야 한다.

셋째, 관심 있는 프랜차이즈 브랜드에서 직접 아르바이트를 해본다. 예비창업자가 직접 점포를 운영하든, 직원을 고용해 이른바 '오토'로 운영하든, 점포가 실제로 어떻게 돌아가는지는 반드시 이해하고 있어야 한다. 그래야 예상치 못한 상황이 발생했을 때 예비창업자가 직접 대응할 수 있다.

프랜차이즈 창업 과정에서 본사는 시스템이 잘 갖춰져 있어 누구나 쉽게 운영할 수 있다고 설명한다. 그러나 프랜차이즈 시스템이 아무리 정교하더라도, 처음부터 실수 없이 운영하는 것은 쉽지 않으며 실제로 완벽한 시스템도 드물다. 그렇기 때문에 예비창업자는 점포 운영을 사전에 직접 경험해 볼 필요가 있다. 실제로 프랜차이즈 점포개발자들 역시 현장 운영 실습을 거친 뒤 상담과 출점 업무에 투입된다.

대기업이 운영하는 프랜차이즈 브랜드의 경우에도 직무와 관계없이 직원들은 점포 실습을 통해 브랜드의 실제 운영 시스템을 체득한다. 점포개발자 역시 이러한 현장 경험이 있어야만 점포가 어떻게 돌아가는지를 이해하고, 예비창업자에게 현실적인 상담을 제공할 수 있다. 현장을 모르는 설명은 공허할 수밖에 없다.

예비창업자가 프랜차이즈 창업을 결정하면 본사에 교육비를 지불하고 교육을 받게 되는데, 그 교육의 상당 부분은 아르바이트와 유사한 실무 중심으로 진행된다. 돈을 내고 짧은 기간 교육을 받는 것보다, 아르바이트를 하며 급여를 받으면서 시스템을 익히는 편이 훨씬 효율적이다. 특히 본사 교육은 보통 일주일 내외로 진행되기 때문에 실무를 깊이 이해하기에는 시간이 부족한 경우가 많다. 반면 아르바이트를 하면 실제 운영을 충분히 경험하며 세밀한 부분까지 익힐 수 있다.

예비창업자의 목적은 프랜차이즈 브랜드를 창업하는 데 있다. 따라서 창업을 고려 중인 업종에서 아르바이트를 하며 인력 관리, 상품 관리, 서비스 운영 전반을 직접 경험해 보는 것은 매우 큰 자산이 된다. 이러한 경험은 창업 이후 시행착오를 줄이는 데 결정적인 역할을 한다.

예를 들어 고객이 몰리는 시간대에 직원이 몇 명이나 필요한지, 잘 팔리는 제품은 무엇이며 어느 정도 물량을 준비해야 하는지, 고객 응대 서비스의 적정 수준은 어느 정도인지 등을 몸으로 체득할 수 있다. 이러한 경험을 통해 예비창업자는 프랜차이즈 시스템에 대한 실체적인 이해도를 갖추게 된다.

실제 사례를 보면, 뚜레쥬르 이천터미널점을 오픈한 지 한 달된 초보 점주가 첫마디로 "너무 힘들다"고 말한 적이 있다. 매출이 잘 나와서 힘든 상황이었지만, 운영 경험이 부족해 인력을 미리 준비하지 못한 것이 원인이었다. 흔히 '오픈빨'이라 불리는 초기 2~3일간은 본사에서 인력 지원을 해주는 경우도 있지만, 그 이후의 운영은 전적으로 점주의 몫이다. 예비창업자 시절에 아르바이트 경험이 있었다면, 몇 명의 인력으로 매장을 운영할 수 있는지에 대한 감각을 미리 가질 수 있었을 것이다.

예비창업자는 현장에서 직접 아르바이트를 하며 프랜차이즈 브랜드의 진짜 경쟁력을 체감할 수 있다. 현장에 답이 있다. 아무리 힘들고 번거롭게 느껴지더라도, 관심 있는 프랜차이즈 브랜드에서의 아르바이트 경험은 반드시 거쳐야 할 과정이다. 이를 통해 관리해야 할 직원의 입장도 이해하게 된다.

더 나아가 고객이 프랜차이즈 시스템에 실제로 무엇을 기대하는지도 알 수 있다. 이러한 이해는 위기 상황에 대비하고, 보다 탄탄한 운영 전략을 세우는 데 큰 도움이 된다. 많은 시간이 들

수는 있지만, 성공 확률을 높이기 위해서는 반드시 필요한 투자다. 결국 더 많은 시간을 현장에 쏟을수록, 예비창업자는 성공 가능성이 높은 프랜차이즈 창업에 한 걸음 더 가까워진다.

넷째, SNS 등 소셜미디어 채널을 적극적으로 활용한다. 온라인 카페나 유튜브 채널에는 다양한 프랜차이즈 창업 정보와 실제 경험담이 축적되어 있다. 앞서 제시한 세 가지 방법은 시간과 노력, 비용 등 물리적으로 많은 에너지와 시간이 소요되며, 사람을 직접 만나거나 전화 상담을 부담스러워하는 젊은 예비창업자에게는 심리적 장벽으로 작용할 수 있다.

이러한 경우 비교적 시간과 비용의 부담이 적은 온라인 채널을 자주 접하는 것도 충분히 의미 있는 탐색 방법이 된다. 다만 유튜브와 같은 플랫폼은 알고리즘에 따라 특정 관점이나 주장만 반복적으로 노출될 수 있으므로 주의가 필요하다. 알고리즘이 강화한 '자기 확신'에 기대어 프랜차이즈 창업을 결정하는 것은 반드시 경계해야 한다.

프랜차이즈 창업은 적지 않은 자금이 투입되고, 예비창업자의 삶의 방향을 바꿀 수 있는 중대한 의사결정이다. 따라서 최소 6개월 이상의 충분한 브랜드 탐색 기간을 거치는 것이 바람직하다. 이 기간 동안 단순히 시간을 보내는 것이 아니라, 시간의 밀도를 높여 집중력 있게 브랜드를 분석하고 비교해야 한다.

프랜차이즈 창업을 위한 구체적인 미션을 설정하고 이를 꾸준히 수행해 나간다면, 예비창업자는 결국 성공 가능성이 높은 프랜차이즈 브랜드를 찾아낼 수 있다. 철저한 준비 과정을 통해 뿌린 씨앗은 반드시 결실을 맺는다. 예비창업자가 치밀한 준비 끝에 프랜차이즈 창업에 성공해, 안정적인 가맹점주로 자리 잡기를 진심으로 기대한다.

선호

신세계가 운영하는 스타필드나 현대백화점이 운영하는 백화점·아울렛의 공간을 구성하는 담당자들은 '이야기'를 통해 고객의 취향을 모은다. 별마당 도서관, 건담베이스, 초대형 다이소와 같이 공간을 구성하는 프랜차이즈 브랜드 곳곳에서 이러한 기획 의도가 드러난다. 공간 자체가 하나의 콘텐츠가 되도록 설계한 결과다.

이러한 이유로 신세계와 현대백화점의 담당자들이 동시에 유치한 프랜차이즈 브랜드에는 예비창업자의 관심이 필요하다. 물론 스타필드나 백화점, 아울렛과 같은 특수상권에 입점한 브랜드는 예비창업자가 직접 창업하기 어렵다. 그러나 해당 브랜드가 로드숍 형태로도 운영되는지, 즉 일반 상권에서도 재현 가능한 모델인지를 검토하는 것은 충분히 의미가 있다.

'이야기'로 취향을 모을 수 있는 프랜차이즈 브랜드는 성공 가능성이 높다. 대표적인 사례로 일본의 츠타야 서점을 들 수 있는데, 츠타야는 일본 전역에 약 800여 개 매장을 둔 프랜차이즈로 성장했다. 국

내에서는 서점이 보편적인 프랜차이즈 업종으로 자리 잡지 못했지만, 츠타야가 보여준 '취향을 모으는 방식'은 충분히 교훈이 된다.

서점은 많은 상품을 진열하기 위해 넓은 공간이 필요하지만 평당 매출이 낮은 저효율 업종으로 분류된다. 온라인 서점의 성장으로 오프라인 서점은 월세 부담을 감당하기 어려워졌고, 무거운 책을 더 비싼 가격에 굳이 오프라인에서 구매할 이유도 줄어들었다. 이로 인해 서점은 프랜차이즈로 확장되기 어려운 구조를 갖게 되었다.

그러나 츠타야는 기존 서점의 장르 중심 분류 방식을 과감히 해체하고, 라이프스타일과 개인의 취향을 중심으로 한 새로운 문화 공간을 설계했다. 개인의 관심사와 취향을 '이야기'로 엮어내는 방식을 프랜차이즈 브랜드로 구현한 것이다. 고객의 체류 시간이 곧 매출로 이어지는 구조를 만들었고, 머무는 만큼 소비가 발생하는 선순환 모델을 완성했다.

이처럼 알고리즘처럼 작동하는 개인의 취향을 공간과 브랜드로 구현한 프랜차이즈는 강력하다. 잘 운영되는 새로운 플랫폼이나 해외의 벤치마킹할 만한 브랜드 콘셉트를 관찰하는 과정에서, 예비창업자는 프랜차이즈 성공을 위한 중요한 통찰을 얻을 수 있다.

최근에는 건강에 대한 관심이 높아지면서, '건강한 한 끼'의 이미지를 중심으로 이야기를 만들어내는 프랜차이즈 브랜드가 빠르게 확산되고 있다. 서브웨이, 샐러디, 포케올데이, 쿠차라 등이 대표적인 사례다. 이들 브랜드는 단순한 메뉴를 넘어 라이프스타일과 가치관을 함께 제안한다.

예비창업자는 정량적 지표와 정성적 관찰을 함께 활용해, 고객이 실제로 선호하는 프랜차이즈 브랜드를 찾아내야 한다. 핫플레이스와 대형 몰, 사람들이 유독 많이 모이는 공간을 반복적으로 방문하며 브랜드를 관찰하다 보면 평가의 감각이 쌓인다. 이러한 과정을 통해 다른 예비창업자보다 한발 앞서 성공 가능성이 높은 프랜차이즈 브랜드를 발견할 수 있을 것이다.

50개 이상의 점포를 가진 프랜차이즈 브랜드

점포수 50개가 의사결정의 타이밍

예비창업자가 다양한 정보를 탐색해 좋은 프랜차이즈 브랜드를 선택한 뒤 창업하면 반드시 성공할 수 있을까"? 정하기는 어렵다. 아무리 좋은 브랜드라 하더라도 항상 성공을 보장하지는 않기 때문이다. 결국 프랜차이즈 창업의 성패는 브랜드 선택뿐만 아니라 '타이밍'을 얼마나 잘 잡느냐에 달려 있다. 그러나 프랜차이즈 창업의 타이밍을 판단하는 일은 쉽지 않고, 명확한 정답이 있는 것도 아니다.

오히려 프랜차이즈 창업에서 성공할 수 있는 브랜드를 찾는 데 집중하다 보면, 정작 창업의 적절한 시기를 놓칠 수도 있다. 프랜차이즈 창업 트렌드와 브랜드의 흥망성쇠는 생각보다 빠르게 변하기 때문이다. 그렇다면 도대체 언제 창업을 결정해야 할까. 하나의 기준으로, 프랜차이즈 브랜드가 수도권 기준으로 약 20개 점포를 넘어설 때부터 관심을 가지고 지켜보다가, 50개 점포에 이르면 의사결정을 고민해야 한다.

업종에 따라 차이는 있지만, 전국 인구 약 5,000만 명을 기준으로 할 때 프랜차이즈 브랜드가 감당할 수 있는 적정 점포 수는 인구 10만 명당 1개 수준, 즉 약 500개 정도로 볼 수 있다. 점포 수가 500개에 가까워지면 이미 프랜차이즈 창업 자체가 어려워질 뿐만 아니라, 창업을 통해 높은 수익을 기대하기도 쉽지 않다. 따라서 점포 수가 약 50개 수준인 브랜드가 예비창업자가 가장 주의 깊게 살펴봐야 할 타이밍에 해당한다.

점포 수가 50개를 넘어서면 프랜차이즈 브랜드에는 규모의 경제가 작동하기 시작한다. 식자재 원가 경쟁력이 생기고, 물류·배송 효율이 개선되며, 본격적인 마케팅 집행이 가능해진다. 이는 프랜차이즈 시스템의 장점이 실질적으로 구현되기 시작하는 시점이며, 브랜드가 안정적인 성장을 지속할 수 있는 토대가 마련되었음을 의미한다.

1,000세대 아파트 단지에 생활밀착형 프랜차이즈 브랜드가 입점해 하나의 생활권을 형성하듯, 점포 수 50개는 프랜차이즈 본사가 업종 내에서 일정한 기반을 확보했음을 보여주는 지표다. 너무 적어 성장 동력이 부족하지도 않고, 그렇다고 과도하게 확장되어 경쟁이 과열된 단계도 아닌, 이른바 '골디락스 구간'에 해당하는 시점이다.

따라서 예비창업자는 프랜차이즈 브랜드의 점포 수가 50개 수준에 도달했을 때 본격적인 판단을 시작하고, 100개를 넘기기 전에는 창업 실행 여부를 결정하는 것이 바람직하다. 이를 인구 기준으로 환산하면, 인구 100만 명당 1개 점포가 형성되기 시작할 때 관심을 갖고, 인구 50만 명당 1개 점포 수준에 이르기 전에 브랜드를 선점해 창업을 준비해야 한다는 의미다.

점포당 인구 수는 예비창업자가 프랜차이즈 창업 타이밍을 판단하는 중요한 기준이 된다. 인구 50만 명당 1개, 20만 명당 1개, 10만 명당 1개, 5만 명당 1개로 점포 밀도가 높아질수록 예비창업자가 진입할 수 있는 기회는 점점 줄어든다. 후반부로 갈수록 브랜드는 안정되지만, 그만큼 수익성은 낮아지거나 프랜차이즈 창업 기회 자체가 제한될 가능성이 커진다.

전국 인구가 약 5,000만 명인 가운데, 서울은 약 900만 명, 경기도는 약 1,400만 명, 인천은 약 300만 명으로 수도권에만 약 2,600만 명, 즉 전체 인구의 절반 이상이 집중되어 있다. 프랜차이즈 브랜드의 시장 규모를 인구 기준으로 분석하면, 인구 10만 명·20만 명·50만 명·100만 명당 점포 수를 통해 브랜드의 확산 단계와 창업 타이밍을 가늠할 수 있다. 이러한 기준을 활용한다면 예비창업자는 보다 합리적으로 프랜차이즈 창업의 적절한 시점을 판단할 수 있을 것이다.

구 분	전국	수도권	서울	경기	인천	지방
인구	5,000만명	2,600만명	900만명	1,400만명	300만명	2,400만명
10만명당	500개	260개	90개	140개	30개	240개
20만명당	250개	130개	45개	70개	15개	120개
50만명당	100개	52개	18개	28개	6개	24개
100만명당	50개	26개	9개	14개	3개	12개

전국 인구수 대비 점포수

수도권은 인구 밀집도가 높고 유동인구가 많다. 이로 인해 대부분의 프랜차이즈 브랜드는 서울과 수도권을 중심으로 신규 점포를 오픈하며 점포 수를 늘려간다. 따라서 프랜차이즈 창업 타이밍을 판단할 때는 수도권 점포 수 26개(호점)를 하나의 기준으로 삼는 것이 현실적이다. 물론 모든 업종과 모든 브랜드에 50개(호점)라는 숫자가 절대적인 기준은 아니지만, 50개(호점)는 여전히 중요한 판단 지표로 기능한다.

수도권에 약 26개(호점)의 점포가 확장되었다면, 해당 프랜차이즈 브랜드를 본격적으로 검토해야 할 시점이다. 이 단계에서는 아직 출점되지 않은 상권과 입지를 중심으로 시장을 조사하며 프랜차이즈 창업을 준비하는 것이 바람직하다. 다시 말해, 브랜드의 확산 속도와 패턴을 분석하며 '빈 자리'가 어디에 남아 있는지를 살펴보는 과정이 필요하다.

이를 구체적으로 보면, 서울 약 18개, 경기도 약 28개, 인천 약 6개 수준의 점포 분포가 형성되었을 때를 의미한다. 이 시점은 아직 점포 수가 과도하게 늘어나기 전이면서도, 프랜차이즈 시스템과 브랜드 경쟁력이 어느 정도 검증된 단계다. 따라서 아직 점포가 들어서지 않은 상권과 입지에 예비창업자에게 유효한 기회가 존재한다.

예시(1)

2022년 기준 족발 프랜차이즈 브랜드 구구족을 예로 살펴보자. 당시 점포개발자에게 문의한 결과, 서울권은 신규 오픈이 불가하다는 답변을 받았다. 경기권 일부와 지방 상권만 오픈이 가능한 상태였으며, 이러한 내용은 공식 홈페이지에도 안내되어 있었다. 정보공개서를 기준으로 보면 2021년 말 기준 전체 점포 수는 95개였고, 서울 27개, 경기 40개, 인천 7개로 수도권에만 74개 점포가 분포해 있었다.

이는 전체 점포의 약 78%가 수도권에 집중되어 있음을 의미한다. 이미 수도권 주요 상권에는 지역별 거점이 대부분 확보된 상태였다고 볼 수 있다. 구구족은 2020년 5월 법인을 설립한 이후 빠른 속도로 점포를 확장해 2020년 50개, 2021년 95개까지 성장했다. 이후 2022년에는 109개, 2023년에는 113개로 점포 수가 늘어나며, 확장의 방향은 점차 지방 상권으로 이동하고 있었다.

2022년 프랜차이즈 창업을 문의했을 당시, 점포개발자는 서울에서는 양천구와 송파구 일부 지역에 한해서만 창업이 가능하다고 설명했다. 그러나 2023년에 이르러서는 서울권 신규 출점 자체가 종료

· 가맹사업 개시일

가맹사업 개시일	2020 - 05 - 21

· 가맹점 및 직영점 현황　　　　　　　　　　　　단위 (개)

지역	2023년			2022년			2021년		
	전체	가맹점수	직영점수	전체	가맹점수	직영점수	전체	가맹점수	직영점수
전체	113	113	0	109	109	0	95	95	0
서울	26	26	0	28	28	0	27	27	0
부산	9	9	0	6	6	0	5	5	0
대구	2	2	0	1	1	0	0	0	0
인천	10	10	0	10	10	0	7	7	0
광주	4	4	0	2	2	0	0	0	0
대전	3	3	0	3	3	0	2	2	0
울산	3	3	0	3	3	0	1	1	0
세종	1	1	0	1	1	0	1	1	0
경기	31	31	0	31	31	0	40	40	0
강원	3	3	0	3	3	0	1	1	0
충북	1	1	0	3	3	0	1	1	0
충남	2	2	0	3	3	0	2	2	0
전북	5	5	0	5	5	0	4	4	0
전남	2	2	0	3	3	0	1	1	0
경북	3	3	0	1	1	0	0	0	0
경남	8	8	0	6	6	0	3	3	0
제주	0	0	0	0	0	0	0	0	0

· 가맹점 변동 현황　　　　　　　　　　　　단위 (개)

연도	신규개점	계약종료	계약해지	명의변경
2023	24	0	20	14
2022	30	0	16	16
2021	54	0	9	0

구구족 정보공개서, 공정거래위원회 가맹사업거래

되었다. 프랜차이즈 본사는 추가적인 확장이 가능함에도 불구하고, 서울권 가맹을 제한하고 경기권 일부와 지방 위주로 점포 확장을 조절하는 전략을 선택했다. 이는 무리한 확장보다 기존 가맹점을 보호하고 브랜드의 안정적인 성장을 추구한 결정으로 해석할 수 있다.

결국 구구족 본사는 수도권에서 운영 가능한 점포 수를 약 100개 내외로 설정한 셈이다. 만약 예비창업자가 수도권 점포 수가 26개 수준이었던 2020년부터 해당 브랜드에 관심을 가지고 준비했으며, 수도권 점포 수가 50개에 이르렀을 때 프랜차이즈 창업을 실행했다면, 브랜드의 성장 구간을 함께 누릴 수 있었을 것이다. 이 사례는 프랜차이즈 창업에서 '언제 들어가느냐'가 얼마나 중요한지를 잘 보여준다.

예시(2)

프랜차이즈 분식 브랜드 걸작떡볶이치킨은 2021년 기준 총 210개의 점포를 운영하고 있었다. 지역별로 보면 서울 41개, 경기 62개, 인천 15개로 수도권에 118개, 지방에 92개의 점포가 분포해 있었으며, 수도권 점포 비중은 전체의 약 56%에 달했다. 이는 상가 창업 시점에서 하나의 기준으로 삼았던 '수도권 60개'의 약 두 배에 해당하는 수치다.

이러한 상황을 고려하면, 상가 창업의 기회는 이미 포화에 가까운 수도권보다는 아직 출점되지 않은 지방 상권에서 찾는 것이 성공 확률이 더 높다고 판단할 수 있다. 점포개발자와 상담하는 과정에서 아직 천안시에는 점포가 없다는 정보를 확인하게 되었다. 천안은 인구 밀집도가 높고 수도권·세종과 함께 경부선 라인에 위치한 핵심 거점

도시로, 성장성과 안정성을 동시에 갖춘 지역이라고 판단했다. 이에 따라 천안 지역을 중심으로 프랜차이즈 창업 가능성을 검토하게 되었다.

천안시의 인구는 약 65만 명 수준으로, 전국적으로 인구가 감소하는 추세와 달리 비교적 안정적인 흐름을 유지하고 있다. 실제로 2013년 약 59만 명이던 인구가 2020년에는 약 66만 명까지 증가했고, 2022년까지도 비슷한 수준을 유지하고 있다. 인구가 증가하거나 최소한 유지되는 지역은 소비 기반이 견고한 지역으로 볼 수 있으며, 결국 프랜차이즈 창업은 인구 싸움이라는 점에서 이러한 지역은 유리하다. 인구가 안정적인 지역에 출점할수록 프랜차이즈 창업의 성공 확률은 높아진다.

걸작떡볶이치킨은 점포 수가 213개 수준으로, 전국 평균으로 보면 인구 약 24만 명당 1개 점포가 존재하는 구조다. 그럼에도 불구하고 인구 약 65만 명의 천안시에는 아직 점포가 없었다. 앞서 언급한 족발 프랜차이즈 구구족은 이미 천안 신불당동에 입점해 있었다는 점과 비교하면 더욱 대비된다.

수도권에 이미 121개 이상의 점포를 운영하며 브랜드 경쟁력을 확보한 걸작떡볶이치킨을, 아직 미출점 상태인 천안에 오픈한다면 프랜차이즈 브랜드의 성장 흐름을 함께 타는 창업이 될 가능성이 높다고 판단할 수 있다. 이 사례는 점포 수와 인구 분포를 함께 분석해 창업 타이밍과 입지를 결정하는 것이 얼마나 중요한지를 잘 보여준다.

· 가맹사업 개시일

가맹사업 개시일	2014 - 03 - 11

· 가맹점 및 직영점 현황

단위 (개)

지역	2023년			2022년			2021년		
	전체	가맹점수	직영점수	전체	가맹점수	직영점수	전체	가맹점수	직영점수
전체	106	103	3	158	155	3	213	210	3
서울	18	16	2	34	32	2	42	41	1
부산	1	1	0	1	1	0	4	3	1
대구	1	1	0	2	2	0	7	7	0
인천	5	5	0	13	13	0	15	15	0
광주	15	15	0	16	16	0	16	16	0
대전	1	1	0	2	2	0	3	3	0
울산	6	6	0	6	6	0	6	6	0
세종	0	0	0	0	0	0	0	0	0
경기	27	26	1	42	41	1	63	62	1
강원	1	1	0	2	2	0	5	5	0
충북	0	0	0	4	4	0	4	4	0
충남	1	1	0	2	2	0	4	4	0
전북	5	5	0	8	8	0	10	10	0
전남	15	15	0	14	14	0	15	15	0
경북	4	4	0	4	4	0	9	9	0
경남	4	4	0	6	6	0	7	7	0
제주	2	2	0	2	2	0	3	3	0

· 가맹점 변동 현황

단위 (개)

연도	신규개점	계약종료	계약해지	명의변경
2023	10	8	54	11
2022	7	0	62	10
2021	74	12	5	21

걸작떡볶이치킨 정보공개서 ,공정거래위원회 가맹사업거래

이처럼 예비창업자가 프랜차이즈 창업에 성공하기 위해서는, 해당 프랜차이즈 브랜드가 지금 어떤 성장 단계와 타이밍에 놓여 있는지를 점포 수와 인구당 점포 수를 통해 읽어낼 수 있어야 한다. 물론 업종과 브랜드, 시장 상황에 따라 차이는 존재한다. 그럼에도 불구하고 하나의 유효한 기준으로는 인구 50만 명당 1개 점포 수준, 전체 점포 수 약 100개, 수도권 점포 수 약 50개가 프랜차이즈 창업을 실행하기에 적절한 타이밍이라 할 수 있다.

1,000원 다이소, 1,000세대 편의점, 10,000명 배달점

진짜로 원하는 걸 보여주는 프랜차이즈 브랜드로부터

국내에는 프랜차이즈 브랜드가 너무 많다. 예비창업자는 이 수많은 브랜드 가운데서 확실하게 차별화된 콘셉트를 가진 프랜차이즈 브랜드를 찾아내야 한다. 고객이 진짜로 무엇을 원하는지를 정확히 이해하고, 그 요구를 상품과 서비스로 실제 구현해 낸 브랜드가 예비창업자가 선택해야 할 프랜차이즈 브랜드다. 단순히 유명하거나 점포 수가 많다는 이유만으로는 부족하다.

프랜차이즈 브랜드를 떠올렸을 때 자연스럽게 연상되는 시그니처 제품과, 고객의 머릿속에 확실히 각인되는 '킥 포인트'가 있어야 한다. 예를 들어 다이소는 '없는 게 없고 가격이 저렴하다'는 명확한 콘셉트를 갖고 있다. 친절한 서비스는 아니지만 싸고 실용적인 상품에 대한 만족도가 높아 고객은 기꺼이 선택한다. 예비창업자 입장에서도 서비스 품질에 대한 부담이 상대적으로 적어 운영이 수월하다.

헬스앤뷰티 전문점 올리브영은 다양한 브랜드의 화장품을 한 공간에 모아두고, 고객이 요청할 때만 설명하는 느슨한 서비스를 제공한다. 이 방식은 고객이 점포를 편안하게 경험하도록 만들고 체류 시간을 늘려 재방문과 매출 증가로 이어진다. 서비스의 밀도를 낮춘 것이 오히려 경쟁력이 된 사례다.

치킨 전문점 BHC는 프라이드치킨 위에 시즈닝을 더한 시그니처 메뉴로, 선발주자인 BBQ와 교촌치킨에 뒤늦게 합류했음에도 어깨를 나란히 하는 브랜드로 성장했다. 저가 커피 3대장인 메가엠지씨커피, 컴포즈커피, 빽다방은 단돈 2,000원대의 큰 사이즈 아메리카노라는 명확한 가성비를 무기로 고객을 사로잡았다. 반면 투썸플레이스는 고급 케이크를 중심으로 '특별한 커피 경험'을 제공하는 브랜드로 인식된다.

이처럼 고객이 진짜로 원하는 가치를 정확히 알고, 이를 선명하게 실현해 온 프랜차이즈 브랜드를 예비창업자가 알아볼 수 있어야 한다. 너무 많은 브랜드 속에서 새로운 장르가 될 만큼 분명한 콘셉트와 아이덴티티를 가진 프랜차이즈를 발견하는 선구안이 예비창업자에게 필요하다.

이 선구안을 기르기 위해서는 예비창업자가 관심이 많고 적성에 맞는 업종에서 프랜차이즈 브랜드를 탐색해야 한다. 관심도 없고 적성에도 맞지 않는 업종을 선택하면 오래가기 어렵다. 고객의 니즈와 빠르게 변화하는 트렌드에 브랜드가 민감하게 반응하는지를 예비창업자가 체감하고 판단하기도 힘들기 때문이다.

예비창업자에게 관심이 없다면 고객이 진짜로 원하는 것이 무엇인지에 대한 인사이트를 얻기도 어렵다. 운 좋게 단기간 성공할 수는 있겠지만, 지속 가능성은 낮다. 프랜차이즈 창업은 고객이 진짜 원하는 것을 제공하겠다는 의지가 있을 때 성공 확률이 높아지고, 장기적으로도 안정적인 운영이 가능해진다.

나아가 예비창업자는 프랜차이즈 브랜드와 함께 본질적으로 성장하는 상생의 관계를 만들 수 있다. 프랜차이즈 창업이 본사의 시스템을 가맹점주가 일방적으로 따르는 구조로 끝날 수도 있지만, 고객이었던 예비창업자가 본사와 함께 브랜드를 성장시킨다면 그 힘은 훨씬 커진다.

따라서 예비창업자는 스스로 진짜로 원하는 것이 무엇인지 분명히 하고, 이를 실현하고 있는 프랜차이즈 브랜드를 탐색해야 한다. 밀가루를 좋아하지 않는데 빵집을 하거나, 술을 마시지 못하면서 주점을 운영하거나, 고기를 먹지 못하는데 고깃집을 선택해서는 안 된다. 화장품에 관심이 없다면 화장품 전문점, 운동을 싫어한다면 헬스장이나 스크린골프 프랜차이즈 역시 배제하는 것이 맞다.

주변에서 '요즘 대박 난 브랜드'라고 추천하더라도, 혹은 창업 관련 종사자들이 '지금이 기회'라며 권하더라도 예비창업자는 스스로의 기준을 지켜야 한다. 프랜차이즈 본사가 창업의 시작과 끝을 책임져 준다고 하더라도, 예비창업자가 좋아하고 관심 있으며 가장 잘 이해하는 업종을 선택하는 것이 프랜차이즈 창업의 성공 확률을 높이는 길이다.

고객으로서 관심 있는 브랜드와 창업자로서 감당할 수 있는 브랜드는 다르다. 예비창업자는 스스로 무엇을 진짜로 좋아하는지조차 모를 수 있다. 그렇다면 이 기회에 자신이 진정으로 좋아하고, 고객에게 기꺼이 제공하고 싶은 가치를 다시 점검해 볼 필요가 있다.

막연하다면 가맹사업정보제공시스템의 가맹희망플러스를 활용하면 된다. 출발점은 업종이다. 외식, 도소매, 서비스로 구분된 목록에서 업종을 선택하고, 외식이라면 한식·분식·일식·서양식·치킨·피자·제과제빵·커피·주점 등으로 범위를 좁혀 나간다.

도소매와 서비스 업종 역시 편의점, 의류·패션, 화장품, 건강식품, 종합소매, 교육, 부동산 등으로 세분화되어 있다. 이렇게 선택의 폭을 하나씩 줄여가며, 예비창업자 스스로 고객의 입장에서 '진짜로 원하는 것'을 제공하는 프랜차이즈 브랜드를 찾아내는 과정이 필요하다. 이 과정을 성실히 거친 예비창업자일수록 프랜차이즈 창업의 성공 가능성은 높아진다.

편의점 돈이 될까?

편의점은 임대보증금과 약 2,500만 원만 있으면 프랜차이즈 창업이 가능하다. 진입장벽이 낮다 보니 젊은 예비창업자가 쉽게 뛰어들기 좋은 업종이며, 그 결과 프랜차이즈 편의점 점포 수는 4만 개 내외에 이를 정도로 빠르게 늘어났다. 많은 점포는 "언제 어디서든 이용할 수 있다"는 편의성을 무기로 규모를 키워 왔다.

다만 초기 비용이 적게 든다는 장점은, 반대로 조기 폐점 시 큰 리스크로 되돌아올 수 있다. 프랜차이즈 계약 만기 전에 폐점하면 가맹 계약상의 페널티와 본사가 투자한 인테리어·장비 비용을 포함한 위약금이 발생할 수 있기 때문이다. 수익성이 낮아 조기 폐점을 선택하는 순간, '2,500만 원이면 창업이 가능하다'는 구조가 오히려 예비창업자에게 독이 될 수 있다.

프랜차이즈 편의점은 창업 시 인테리어와 장비 등 초기 투자를 본사가 대행하는 경우가 많다. 따라서 계약 내용을 이행하지 못하고 폐점할 경우, 운영 기간에 따라 달라지지만 초기 투자비의 몇 배에 이르는 위약금이 발생하기도 한다. 이런 구조를 고려하면 예비창업자가 편의점 창업을 검토할 때는 리스크가 상대적으로 작은 위탁형 점포(편의점 본사가 임대차 계약을 체결한 점포)를 먼저 경험해 보는 것이 안전하다.

위탁형 점포를 약 1년 정도 직접 운영해 보면 편의점 창업의 장단점을 체감할 수 있고, 무엇보다 창업 리스크를 크게 줄일 수 있는 경험을 얻는다. 또한 위탁 운영 과정에서 다양한 정보를 축적하면, 이후 직접 임대차 계약을 체결하는 방식으로 전환할 때도 훨씬 안정적으로 준비할 수 있다. 직접 임대차 방식은 초기 투자비 부담이 커질 수 있으나, 운영 구조에 따라 매출이익률을 개선할 여지가 생기기도 한다.

진입장벽이 낮은 편의점 업종은 그만큼 경쟁 강도가 매우 높다. 따라서 예비창업자는 반드시 추가 경쟁점이 들어올 여지가 남아 있는 입지인지 확인해야 한다. 편의점은 담배소매인 지정과 관련한 거리 제한이 적용되므로, 이른바 '담배권'이 가능한 위치를 점검하면 추가 경쟁점이 들어설 가능성을 어느 정도 가늠할 수 있다.

또한 경쟁점을 조사하고 가능하다면 경쟁점의 매출 수준도 확인해야 한다. 점포개발자들은 인근 편의점의 매출 정보를 상당 부분 보유하고 있는 경우가 많으므로, 상담 과정에서 도움을 받는 것이 좋다. 경쟁점과 비교해 점포의 면적, 노출도, 접근성 등을 함께 검토하며 경쟁 강도를 입체적으로 판단해야 한다.

배후 고객이 실제로 이동하는 주 동선도 반드시 확인한다. 출근 동선인지, 퇴근 동선인지에 따라 구매 패턴이 달라지며, 잠재 고객이 될 배후 세대 수와 연령대 구성 역시 점검해야 한다. 편의점은 단순해 보이지만, 막상 들어가 보면 예비창업자가 고려해야 할 변수가 많다. "아무나 쉽게 할 수 있다"는 말은 뒤집어 보면 "아무나 쉽게 돈을 벌기는 어렵다"는 뜻이기도 하다.

물론 편의점은 시스템이 잘 구축되어 있어 점포개발자를 통해 많은 항목을 상담받을 수 있다. 그러나 묻고 따지기를 어려워하는 예비창업자라면, 편의점 창업이 '쉽게 창업하고 쉽게 폐업하는 함정'이 될 가능성이 커진다. 결국 기준과 검증 없이 시작하면, 구조적 리스크를 그대로 떠안게 된다.

편의점 업계에서는 "1,000세대를 사실상 독점적으로 고객으로 확보할 수 있으면 돈이 된다"는 말이 있다. 이를 위해서는 경쟁점보다 배후 고객에 더 가깝거나, 경쟁점보다 더 많은 사람이 점포 앞을 먼저 지나가야 한다. 결국 입지가 핵심이며, 최소 1,000명 수준의 생활권 고객을 확보할 수 있는지를 확인하려면 점포 앞 유동인구를 직접 계수해 보는 과정이 필요하다.

편의점 점포개발자들 사이에는 새벽 2시에 편의점을 방문하는 고객 수를 직접 세고 기록했다는 이야기도 있다. 그만큼 현장에서 객수를 확인하는 일이 중요하다는 뜻이다. 예비창업자는 무턱대고 창업해 나중에 감당해야 할 고생을 선택하기보다, 차근차근 꼼꼼히 설계하고 현장을 검증하는 창업을 통해 훗날 웃음과 이윤이 담긴 성공 후기를 쓰게 되길 바란다.

배달 전문점 정말 돈이 될까?

프랜차이즈 창업에는 초기 투자비로 예비창업자의 상당한 자본이 투입된다. 물론 비교적 적은 자본으로 시작할 수 있는 소자본 창업형 프랜차이즈 업종도 존재한다. 이러한 소자본 프랜차이즈는 초기 투자비에 대한 리스크를 낮춰 준다는 점에서 예비창업자에게 매력적이다. 대표적으로 보증금과 인테리어 비용을 크게 줄일 수 있는 업종이 배달 전문점이다.

배달 전문 프랜차이즈 가운데 '은퇴 후 창업'의 대표적인 아이템으로 가장 먼저 떠오르는 업종은 치킨 전문점이다. 최근에는 좌석을 갖춘 치킨 전문점도 늘고 있지만, 여전히 치킨은 매출의 상당 부분이 배달에서 발생한다. 치킨뿐만 아니라 코로나19 이후 배달 시장이 급성장하면서 다양한 외식 업종이 배달 전문점 형태로 프랜차이즈 확장을 시도하고 있다.

적은 비용으로 한 끼를 대체할 수 있는 외식 브랜드들이 배달 전문점 형태로 시장에 진입하고 있지만, 투자비가 적다고 해서 위험이 없는 것은 아니다. 매출이 나오지 않으면 투자비가 적더라도 그대로 손실로 이어진다. 따라서 예비창업자는 배달 전문점 프랜차이즈를 검토할 때에도 반드시 시장 규모를 먼저 파악해야 한다.

배달 시장의 규모는 배달 전문점의 잠재 고객 수, 즉 배달을 시켜 먹을 가능성이 있는 배후 고객을 통해 추정할 수 있다. 배달이 가능한 상권 내에 충분한 수요 인구가 존재해야 하며, 적어도 1만 명 이상의 배달 수요 인구가 있어야 성공 가능성을 높일 수 있다. 이때 중요한 개념이 '배달 가능 배후 인구'로, 배달 전문점 중심으로 얼마나 많은 인구가 실제 생활하고 있는지를 의미한다.

배달 가능 배후 인구가 많을수록 매출은 안정적으로 발생할 가능성이 높다. 그러나 배달 전문점인 만큼 손익계산서에서 배달 비용을 매우 중요하게 고려해야 한다. 최근에는 대부분의 프랜차이즈 브랜드가 배달을 병행하지만, 매출의 대부분이 배달에서 발생하는 배달 전문점에서는 배달 비용 자체가 곧 원가다.

일반적으로 배달 비용은 매출의 약 10% 내외가 추가 원가로 발생한다. 예를 들어 원가율이 50%인 브랜드라면, 배달 전문점에서는 실질적인 원가율이 60% 수준까지 높아질 수 있다. 예비창업자는 적은 초기 자본으로 시작하는 장점과 높아지는 원가 구조로 인해 수익이 줄어드는 현실을 반드시 함께 비교해야 한다.

즉 '낮은 마진에도 과연 돈이 되는가'를 냉정하게 따져봐야 한다. 충분한 배달 가능 배후 인구가 있다면 낮은 마진에도 불구하고 수익이 나는 경우도 있다. 그러나 배달 가능 배후 인구가 충분하더라도 경쟁 배달 전문점이 빠르게 늘어날 수 있다는 점 역시 고려해야 한다. 특히 배달 전문 프랜차이즈 중에는 점포 간 거리 제한을 두지 않는 경우도 있어 경쟁 강도가 급격히 높아질 수 있다.

배달 전문점으로 창업을 고려한다면, 업력이 길고 시장에서 검증된 치킨이나 피자와 같은 업종에서 가급적 1등 브랜드를 선택하는 것이 유리하다. 다만 1등 브랜드는 창업 자체가 쉽지 않고, 이미 예비창업자가 원하는 지역에 점포가 들어서 있는 경우가 많다. 따라서 예비창업자는 수도권 기준 약 50개 내외의 점포가 형성되는 시점부터 관심을 가지고 프랜차이즈 창업을 준비해야 한다.

또 하나 중요한 질문은 '배달 전문점이 앞으로도 지속가능한가'이다. 투자비가 적게 든다는 이유로 너도나도 배달 전문점 창업에 뛰어들수록 경쟁은 더욱 치열해진다. 예비창업자는 단기적인 진입 용이성에만 주목할 것이 아니라 장기적인 발전 가능성까지 함께 고려해야 한다. 배달 소비에는 분명한 한계가 있기 때문에, 가능한 한 수요가 안정적인 대표 업종을 선택하는 것이 바람직하다.

또한 배달에 대한 거부감이 적은 10~20대가 선호하는 업종인지 여부도 중요하다. 시장 규모가 작은 업종일수록 경쟁 브랜드의 출현에 따라 매출 변동성이 커지므로, 동일한 배달 가능 배후 인구를 대상으로 이미 많은 경쟁 브랜드가 활동하고 있음에도 불구하고 기본 매출이 안정적으로 유지되는지를 반드시 확인해야 한다.

대부분의 배달 전문점은 배달의민족, 요기요, 쿠팡이츠와 같은 배달 플랫폼을 이용한다. 따라서 예비창업자는 배달 플랫폼의 수익 구조와 비용 체계에 대해서도 충분히 이해해야 '새는 돈'을 줄일 수 있다. 배달 전문점의 경우 원가에 배달 비용 약 10%를 추가로 반영해야 하며, 그 구성은 결코 단순하지 않다.

배달 플랫폼을 이용하면 매월 고정적으로 지출되는 가맹비 또는 관리비가 발생한다. 플랫폼에 따라 다르지만 월 10만 원에서 30만 원 수준의 비용이 고정적으로 지출된다. 여기에 배달 건당 라이더에게 지급하는 배달 대행비가 추가되며, 거리별로 차등 적용되어 보통 3,000원에서 7,000원 수준까지 발생한다.

또 하나 중요한 비용이 '깃발'이라 불리는 광고비다. 배달 앱 내 노출을 위한 광고 상품으로, 선택 사항처럼 보이지만 실제로는 거의 필수에 가깝다. 깃발을 꽂아야 반경 1.5~3km 내 고객에게 점포가 노출되며, 깃발이 없으면 고객에게 거의 보이지 않는다. 이 때문에 일부 점포는 20개 이상의 깃발을 꽂기도 한다.

깃발 하나당 약 8만 원대의 비용이 발생하며, 플랫폼에 따라 추가 수수료가 부과되기도 한다. 이처럼 다양한 항목에서 비용이 누적되다 보면 배달 전문점의 원가율은 급격히 높아진다. 예비창업자가 이러한 비용 구조를 관리하지 못하면 배달 전문점은 결코 돈이 되기 어렵다. 그렇다고 배달을 위해 쓰는 비용을 완전히 줄일 수도 없는 구조다.

그럼에도 불구하고 '초기 투자비가 적다'는 이유만으로 배달 전문점 프랜차이즈 창업에 뛰어드는 경우가 많다. 어차피 망할 수 있다면 적게 망하는 것이 낫다고 생각할 수도 있지만, 망해야 한다면 애초에 프랜차이즈 창업을 하지 않는 것이 더 나은 선택일 수 있다.

배달 전문점은 '얼마나 돈이 들지 않는가'보다 '들인 비용 대비 얼마를 벌 수 있는가'에 초점을 맞춰야 한다. 예비창업자는 적은 비용에 현혹되기보다, 그 비용 구조 속에서 현실적으로 남길 수 있는 이익이 얼마인지를 냉정하게 계산한 후 창업 여부를 결정해야 한다.

2부

상권과 입지 평가

Fran-Tech: 상권과 입지 평가의 기술

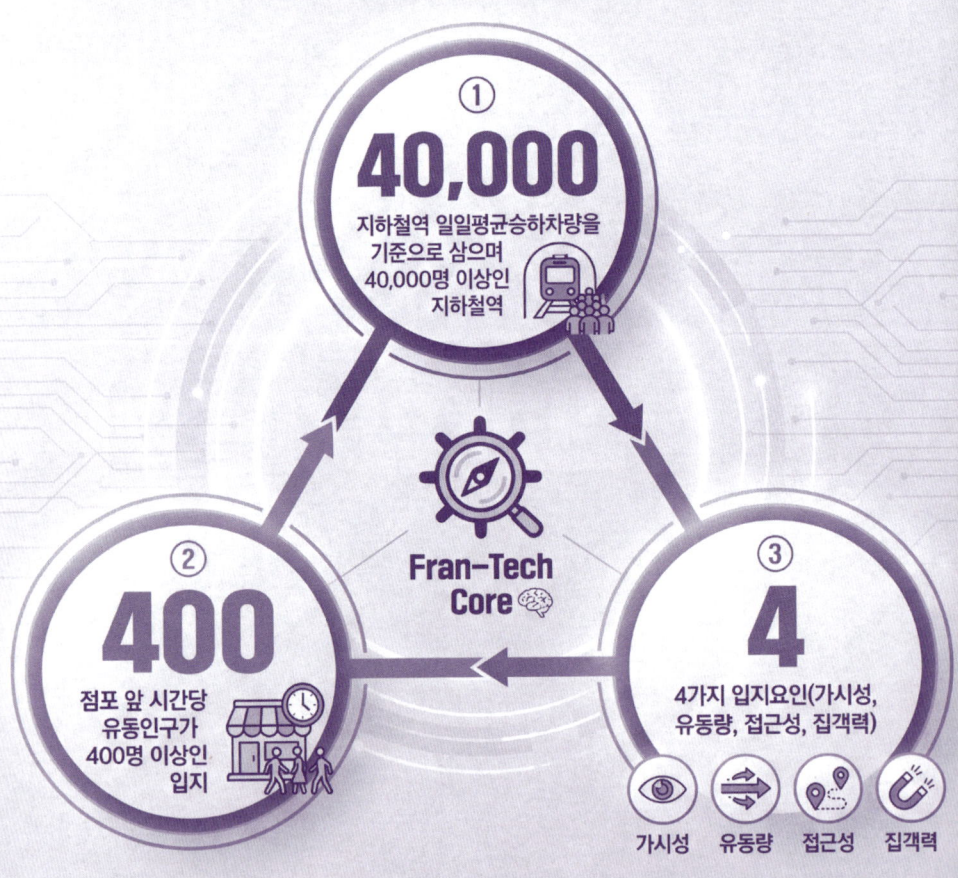

①
40,000
지하철역 일일평균승하차량을 기준으로 삼으며 40,000명 이상인 지하철역

Fran-Tech Core

②
400
점포 앞 시간당 유동인구가 400명 이상인 입지

③
4
4가지 입지요인(가시성, 유동량, 접근성, 집객력)

가시성   유동량   접근성   집객력

상권과 입지 평가의 핵심기술

40,000명 이상의 지하철역 일일평균 승하차량

역세권이 척도, 지하철역 승하차량을 알아야

일일평균 승하차량이 40,000명 이상인 지하철역을 프랜차이즈 창업
할 상권으로 우선한다. 서울시 25개구에는 총 304개의 지하철역이
있고 지하철역 일일 평균 승하차량의 데이터가 있다. 2025년에 연간
약 38억명이 서울의 지하철역을 이용하였는데 일일 평균 승하차량
으로 하면 약 35,106명*이다.

사람 이동의 중심이 되는 지하철역에는 상권**과 입지***가 형성

---

* 40,000명 이상의 지하철역 일일평균 승하차량

** 상권(商圈, trading area)은 상업상의 거래가 행하여지고 있는 공간적 범위로 일정한 지역을
중심으로 재화와 용역의 유통이 이루어지는 공간적 범위이다(한국민족문화대백과)

*** 입지(立地)는 사람이 경제 활동을 하기 위하여 선택하는 장소(Basic 고교생을 위한 지리 용어사전)이다.

된다. 사람의 양은 상권의 크기와 비례하는 경향을 가지므로 사람의 양을 상권을 파악하는 기준으로 삼는다. 기준을 삼을 사람의 양은 평균으로 평균 이상의 사람의 유동이 있는 지하철역을 찾는다. 먼저 검토할 상권은 지하철역의 일일평균 승하차량이 가장 많은 지하철역으로부터 차례차례 접근한다.

2025년 서울시에서 일일평균 승하차량이 가장 많은 지하철역 10개는 아래와 같다.

구 분	지하철역	일일 평균 승하차량
1	중 구	서울역	221,204명
2	송파구	잠실(송파구청)역	197,703명
3	마포구	홍대입구역	188,629명
4	서초구	고속터미널역	168,707명
5	강남구	강남역	151,418명
6	동작구	사당역	133,892명
7	강남구	선릉역	126,168명
8	관악구	신림역	110,692명
9	영등포구	여의도역	109,952명
10	금천구	가산디지털단지역	109,419명

서울시 일일평균 승하차량 상위 10개 지하철역

예비창업자가 창업할 프랜차이즈 브랜드와 잘 맞는 상권을 찾기 위해서는 명확한 기준이 필요하다. 기준 없이 상권을 탐색하면 시간과 노력이 과도하게 소모되기 쉽다. 거주지와 가까운 곳을 선택할지, 누군가의 추천을 따를지, 혹은 우연히 발견한 점포에 기대를 걸지 고민해볼 수는 있지만, 가장 분명하고 효율적인 방법은 이미 검증된 데이터를 활용하는 것이다. 그중에서도 지하철역의 일일 평균 승하차량은 상권을 객관적으로 판단할 수 있는 가장 유용한 지표다.

　　예비창업자는 먼저 창업을 고려하는 지역을 자치구 단위로 좁힌 뒤, 제안받은 상권 인근 지하철역의 일일 평균 승하차량을 조사한다. 이후 해당 자치구 내에서 승하차량이 가장 많은 지하철역과 비교함으로써, 해당 상권의 상대적인 수준을 가늠할 수 있다. 이러한 비교를 통해 대략적인 매출 규모를 추정할 수 있고, 예상 매출을 기준으로 감당 가능한 월세 수준을 산출할 수 있다. 만약 예상 매출로는 월세를 감당하기 어렵다고 판단된다면, 미련 없이 다른 상권을 검토하는 것이 바람직하다.

　　아래 표는 2025년 기준 서울시 각 자치구별로 일일 평균 승하차량이 가장 많은 지하철역을 정리한 것이다. 프랜차이즈 창업을 고려하는 상권을 평가할 때 비교 기준으로 참고하길 바란다.

구분		지하철역	일일 평균 승하차량
도심	종 로 구	종로3가역	103,345명
	중 구	시청역	99,768명
	용 산 구	서울역	221,204명
동북	도 봉 구	쌍문역	53,993명
	강 북 구	수유역	66,123명
	성 북 구	성신여대입구역	50,799명
	노 원 구	노원역	82,682명
	동 대 문 구	청량리역	80,995명
	중 랑 구	상봉역	44,799명
	성 동 구	왕십리역	101,914명
	광 진 구	건대입구역	102,829명
동남	강 동 구	천호역	75,041명
	송 파 구	잠실역	197,703명
	서 초 구	고속터미널역	168,707명
	강 남 구	강남역	151,418명
서남	동 작 구	사당역	133,892명
	관 악 구	신림역	110,692명
	금 천 구	가산디지털단지역	109,419명
	강 서 구	김포공항역	59,806명
	양 천 구	까치산역	51,921명
	영 등 포 구	여의도역	109,952명
	구 로 구	구로디지털단지역	106,37명

	은평구	연신내역	69,219명
서북	마포구	홍대입구역	188,629명
	서대문구	신촌역	77,240명

서울시 자치구별 일일평균 승하차량이 가장 많은 지하철역

프랜차이즈 점포개발 기획의 출발점은 지하철역의 일일 평균 승하 차량이다. 점포개발자는 일일 평균 승하차량이 많은 지하철역을 중 심으로 출점을 검토하는 것이 합리적이기 때문에, 본사 내부에서 투 자 의사결정을 이끌어내기에도 수월하다. 실제로도 점포를 오픈했을 때 성과가 좋은 입지는 대부분 일일 평균 승하차량이 많은 지하철역 을 배후로 한 상권이다.

연신내역 일평균 승하차량: 69,219명(2025년)

승하차량이 많은 지하철역은 오랜 시간에 걸쳐 자본과 인프라가 집 중적으로 투자되고 축적된 공간이다. 많은 사람이 반복적으로 지하 철역을 오가며 형성된 이동의 관성은 자연스럽게 상권을 만들어 낸 다. 관성은 또 다른 관성을 낳아 상권을 더욱 키우고, 이렇게 성장한 상권은 프랜차이즈 브랜드의 성공 가능성을 높인다. 따라서 예비창 업자에게는 이미 상권이 충분히 형성된 지하철역을 찾아내는 것이 무엇보다 중요하다.

상권 형성을 판단하는 핵심 기준은 규모다. 규모를 가늠할 수 있

어야 상권을 제대로 평가할 수 있으며, 그 출발점이 바로 유동인구다. 유동인구는 양과 질로 나눠 분석할 수 있는데, 프랜차이즈 창업의 초기 단계에서는 질보다 절대적인 '양'이 더 중요하다. 질은 프랜차이즈 브랜드가 겨냥하는 고객층에 따라 달라지지만, 양은 많을수록 상권의 기본 체력을 보여준다. 그래서 가장 먼저 지하철역의 일일 평균 승하차량을 기준으로 상권을 분석한다.

예를 들어 은평구의 연신내 상권을 살펴보자. 2025년 1월 GTX-A 노선이 개통된 연신내역은 은평구에 위치한 12개 지하철역 가운데 일일 평균 승하차량이 가장 많은 역이다. 2025년 기준 연신내역의 일일 평균 승하차량은 69,219명으로, 은평구 평균인 26,377명에 비해 약 2.6배에 달한다. 이는 연신내역 일대 상권이 이미 충분한 규모와 집객력을 갖춘 핵심 상권임을 보여준다.

지하철역	승하차량	은평구 평균	비교
연신내역	69,219명	26,377명	2.6배

연신내역과 은평구 평균 일일평균 승하차량 비교

은평구에서 예비창업자가 프랜차이즈 창업을 준비한다면, 가장 먼저 검토해야 할 상권은 연신내역 일대다. 은평구 내 지하철역 가운데 일일 평균 승하차량이 가장 많기 때문이다. 연신내역은 기존 3호선과 6호선이 교차하는 더블 역세권에 이어, 최근 GTX-A 노선까지 더해지며 트리플 역세권으로 확장되었다. 이에 따라 향후 상권이 더욱

2부 상권과 입지 평가

성장할 잠재력이 매우 큰 지역으로 평가할 수 있다.

　잠재력이 풍부한 상권은 더 많은 사람을 끌어들이는 선순환 구조를 만든다. 이미 은평구에서 가장 많은 일일 평균 승하차량을 기록하고 있는 연신내역은, 교통 인프라 확충을 통해 승하차 인원이 더욱 증가하며 사람의 양이 늘어나는 상권으로 성장할 가능성이 높다. 사람의 양이 증가하면 자연스럽게 소비 활동이 활발해지고, 상권은 확장되는 경향을 보인다. 이는 프랜차이즈 창업에 있어 매우 유리한 환경이다.

　예비창업자가 직접 지하철역의 일일 평균 승하차량을 조사하고, 자신이 선별한 프랜차이즈 브랜드가 어느 정도 규모의 상권까지 출점해 있는지를 파악하고 있다면, 이는 프랜차이즈 창업을 위한 준비가 상당 부분 갖춰졌다고 볼 수 있다. 은평구에서 프랜차이즈 창업을 고려한다면, 지하철역 일일 평균 승하차량이 가장 많은 연신내역 상권부터 검토하는 것이 당연한 수순이다.

　다만 연신내역에는 이미 다수의 프랜차이즈 브랜드가 입점해 있을 가능성이 높다. 이 경우 예비창업자가 염두에 둔 프랜차이즈 브랜드를 신규로 오픈하기가 쉽지 않을 수 있다. 그렇다면 다음으로 검토해야 할 상권은 어디일까. 해답은 간단하다. 연신내역 다음으로 일일 평균 승하차량이 많은 지하철역이다. 점포개발자가 출점 우선순위에 따라 상권을 검토하듯, 예비창업자 역시 동일한 논리로 상권 검토의 순서를 설정해야 한다.

　지하철역의 일일 평균 승하차량을 기준으로 하면, 어느 지역에 프랜차이즈 브랜드를 창업해야 할지 판단할 수 있다. 승하차량 순위를 매겨 높은 지하철역부터 낮은 지하철역 순으로 검토하며, 출점 가능한 상권을 차례로 좁혀 나가는 방식이다. 이렇게 하면 상권 검토 대상이 명확해지고, 보다 효율적이고 구체적인 분석이 가능해진다.

이미 일일 평균 승하차량이 가장 높은 지하철역에 예비창업자가 선별한 브랜드가 출점해 있다면, 다음 순위의 지하철역 중 아직 해당 브랜드가 입점하지 않은 곳을 차례로 살펴본다. 점포개발자들은 이러한 지역을 '공백 상권'이라 부르며 관리하는데, 예비창업자 역시 같은 방식으로 공백 상권을 관리할 필요가 있다.

예비창업자가 관리 중인 공백 상권이 어떻게 변화하고 있는지, 그 변화의 원인은 무엇인지, 그리고 어느 시점에 창업하는 것이 적절한지를 지속적으로 조사하고 분석한다면, 프랜차이즈 창업에 대한 의사결정을 내릴 수 있는 명확한 기준과 근거 자료를 확보할 수 있을 것이다.

유동

상권 분석의 출발점은 유동이다. 유동량을 파악하기 위해서는 예비창업자의 노력이 필수적이지만, 이를 직접 조사하려면 상당한 시간과 에너지가 소요된다. 다행히 이미 빅데이터를 기반으로 구축된 다양한 자료가 존재하므로, 예비창업자가 이러한 데이터를 찾아 참고한다면 상권 분석에 드는 시간과 노력을 크게 줄일 수 있다. 특히 지하철역의 일일 평균 승하차량 데이터는 상권 분석에 효과적으로 활용할 수 있는 핵심 지표다.

지하철역의 일일 평균 승하차량은 예비창업자가 유동량에 대한 감을 익히는 데 큰 도움이 된다. 승하차량 수치를 통해 상권의 대략적인 규모를 가늠할 수 있고, 변화 추이를 함께 살펴보면 향후 상권의 성장 가능성이나 쇠퇴 여부도 예측할 수 있다. 이러한 유동량에 대한 감각은 해당 상권이 사업성이 있는지 판단하는 중요한 기준이 된다.

유동량에 대한 감이 쌓이면, 지하철역의 일일 평균 승하차량에 따라 프랜차이즈 브랜드를 어느 상권에 창업해야 할지 판단할 수 있다. 또한 승하차량의 증감 추이를 지속적으로 관찰하면, 프랜차이즈 창업에 적절한 타이밍을 포착하는 데도 도움이 된다. 이처럼 지하철역 일일 평균 승하차량은 프랜차이즈 창업에 적합한 상권을 찾기 위한 명확하고 객관적인 지표다.

예비창업자가 창업할 프랜차이즈 브랜드를 결정했다면, 다음 단계는 해당 브랜드를 어떤 상권에 매칭할 것인지 정하는 일이다. 이때 지하철역의 일일 평균 승하차량을 기준으로 순차적으로 상권을 검토하면 된다. 승하차량 순위에 따라 브랜드의 기존 출점 현황을 확인하고, 승하차량은 많지만 아직 해당 브랜드가 입점하지 않은 지역을 중심으로 창업을 검토하는 방식이다.

즉, 예비창업자는 데이터를 활용해 프랜차이즈 브랜드를 창업할 상권을 걸러내는 것이다. 예를 들어 창업을 고려하는 프랜차이즈 브랜드의 점포 수가 50개이고, 이 중 서울에 10개 점포가 있다면 대부분 각 자치구에서 승하차량이 가장 많은 지하철역을 중심으로 출점해 있을 가능성이 높다.

이 경우 예비창업자는 아직 해당 프랜차이즈 브랜드의 점포가 없는 자치구 가운데, 일일 평균 승하차량이 가장 많은 지하철역을 우선적으로 검토한다. 만약 이미 해당 자치구의 핵심 역에 출점해 있다면, 같은 자치구 내에서 다음으로 승하차량이 많은 지하철역을 검토하는 방식으로 범위를 넓혀가면 된다. 이러한 접근법은 상권 선택의 시행착오를 줄이고, 보다 합리적인 프랜차이즈 창업 의사결정을 가능하게 한다.

유동인구와 배후인구에 주목해야

인구로 읽는 상권의 성격

상권에서 가장 중요한 요소는 사람의 양과 질이다. 유동인구는 사람의 양을, 배후인구는 사람의 질을 파악하는 데 유용하다. 유동인구와 배후인구의 구성에 따라 사람들의 활동 방식이 달라지고, 그 결과 상권의 성격이 형성된다. 이러한 상권의 성격에 따라 예비창업자가 선택해야 할 프랜차이즈 브랜드와 운영 방식 역시 달라진다.

유동인구가 많다는 것은 그만큼 지나다니는 사람이 많다는 의미다. 이때 단순히 사람의 수만 볼 것이 아니라, 사람들이 어디로 이동하는지, 주로 동네 주민인지 외부 유입 인구인지도 함께 살펴야 한다. 배후인구 가운데 주거 인구가 많다면 가족 단위인지, 1~2인 가구 중심인지, 아파트 위주인지 등을 분석해야 하고, 직장 인구가 많다면 어떤 업종에 종사하는지, 근무자의 연령대와 성별 구성은 어떠한지도 함께 고려해 상권을 판단한다.

예비창업자는 사람의 양과 질을 기준으로 상권의 성격을 규정하고, 이에 적합한 프랜차이즈 브랜드를 선택해 창업해야 한다. 더 나아가 상권의 성격을 체계적으로 유형화할 수 있다면, 해당 상권에 잘 맞는 프랜차이즈 브랜드를 보다 정확하게 평가할 수 있고, 상권 특성에 맞춘 운영 계획도 수립할 수 있다.

상권을 유형화하는 방법에는 크게 두 가지가 있다. 첫째는 주고객층을 기준으로 상권을 구분하는 방법으로, 주거형·오피스형·유흥형·대학가형·특수상권의 다섯 가지로 나누는 방식이다. 둘째는 상권을 이용하는 시간을 기준으로 주중과 주말, 점심과 저녁으로 구분하는 방법이다. 이러한 방식으로 상권을 유형화하면, 예비창업자는 주고객층이 누구인지, 그리고 고객이 주로 어느 시간대에 방문하는지를 보다 명확하게 파악할 수 있다.

주고객층을 기준으로 상권을 유형화할 때는, 대부분의 상권이 하나의 성격만으로 구성되지 않는다는 점을 고려해야 한다. 보통 두 가지 이상의 유형이 혼합된 형태로 나타나므로, 예비창업자는 주거·오피스·유흥 등 복수의 유형을 조합해 상권의 성격을 정의하고 각 비중을 스스로 판단해야 한다. 예를 들어 '주거 80%, 오피스 20%'와 같은 방식으로 상권을 규정할 수 있다.

상권을 이용하는 시간을 기준으로 유형화할 때는 주중과 주말의 매출 비중, 점심과 저녁의 매출 비중을 함께 분석한다. 예를 들어 주중 매출이 80%, 주말 매출이 20%이며, 점심 매출이 70%, 저녁 매출이 30%와 같은 형태로 정리할 수 있다. 이러한 분석은 예비창업자가 효율적인 인력 배치와 운영 계획을 수립하는 데 큰 도움이 된다.

만약 프랜차이즈 본사가 상권 유형별로 점포 운영 전략을 체계적으로 갖추고 있다면, 예비창업자는 브랜드에 적합한 상권과 입지를 보다 쉽게 선택할 수 있다. 반대로 본사의 관리와 기준이 충분하지 않다면, 예비창업자가 직접 상권 분석 과정에서 상권의 성격을 유형화해 정리해 둘 필요가 있다.

다행히 소상공인365 홈페이지에는 상권 유형화를 위한 유동인구와 배후인구 관련 데이터가 제공된다. 예비창업자가 일일이 현장을 조사하지 않더라도 빅데이터를 통해 상권의 특성을 파악할 수 있다. 따라서 프랜차이즈 창업을 준비하는 예비창업자는 소상공인365 홈페이지를 활용해 빅데이터 기반 상권 분석을 꾸준히 해보는 것이 바람직하다.

소상공인365(빅데이터 상권분석)

빅데이터 플랫폼 소상공인365 홈페이지는 예비창업자가 공정거래위원회의 가맹사업거래 홈페이지와 함께 반드시 자주 방문해야 할 사이트다(https://bigdata.sbiz.or.kr). 이 홈페이지에 접속하면 상권 분석에 필요한 다양한 빅데이터 정보를 확인할 수 있다. 유동인구와 배후

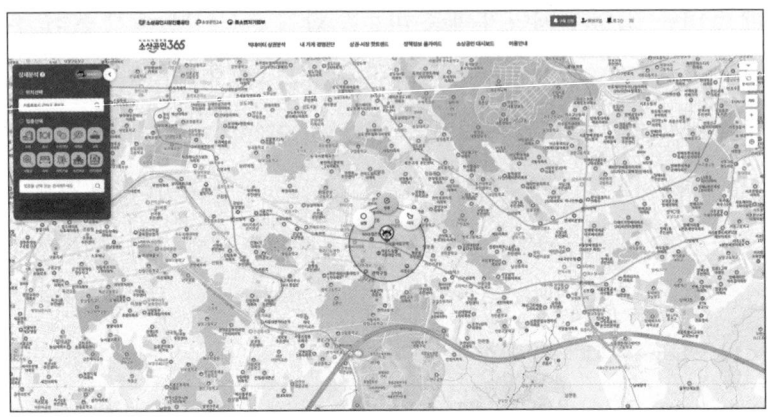

빅데이터 상권분석 상세분석(반경 500m)

인구를 비롯해 상권의 특성과 변화 흐름을 한눈에 파악할 수 있어, 프랜차이즈 창업을 준비하는 예비창업자에게 매우 유용한 도구다.

초보 예비창업자라면 당연히 소상공인365 홈페이지에 자주 접속해 다양한 상권의 데이터를 반복적으로 확인할 필요가 있다. 노련한 예비창업자라 하더라도 최근 상권의 변화와 흐름을 점검하는 차원에서 수시로 들어가 보는 것이 바람직하다. 특히 빅데이터 상권분석의 '상세분석' 기능을 활용해 프랜차이즈 창업을 고려하는 지역의 유동인구와 배후인구 데이터를 확인하는 것이 중요하다.

이러한 습관은 예비창업자가 상권을 판단하는 감각을 키워준다. 상권에 모이는 사람들의 생활 패턴을 읽고 해석하는 훈련이 되기 때문이다. 빅데이터 상권분석에서 제공하는 유동인구와 배후인구 데이터만으로도 상권을 충분히 유형화할 수 있다. 소상공인365 홈페이지에서 빅데이터 상권분석 → 상권분석 → 상세분석 순서로 접속하면 관련 데이터를 확인할 수 있다.

홈페이지 우측 상단의 세 줄 아이콘을 클릭하면 빅데이터 상권분석 메뉴로 이동할 수 있으며, 해당 기능은 로그인 후 이용이 가능하다. 로그인한 뒤 상권 범위를 지정하고 업종을 선택하면 상권분석 리포트를 출력할 수 있다. 상권분석 리포트는 ① 요약, ② 업종분석, ③ 매출분석, ④ 인구분석, ⑤ 지역현황, ⑥ 고객특성, ⑦ 배달매출분석 등으로 구성되어 있다.

이 중 예비창업자가 우선적으로 확인해야 할 부분은 인구분석 항목이다. 유동인구 수와 배후인구로 구분되는 주거인구·직장인구 데이터를 중심으로 수집해 상권을 유형화하는 자료로 활용한다. 처음부터 너무 많은 정보를 한꺼번에 해석하려 하면 오히려 혼란을 줄 수 있으므로, 초반에는 유동인구와 배후인구 데이터에만 집중하는 것이 좋다.

상권분석 리포트에는 예비창업자가 검토 중인 프랜차이즈 업종의 현황과 상권 관련 다양한 정보가 담겨 있다. 다만 유동인구, 주거인구, 직장인구를 제외한 다른 데이터는 우선 '이런 정보도 있다'는 정도로 인식하면 충분하다. 데이터를 반복해서 접하다 보면, 예비창업자에게 의미 있게 다가오는 지표들이 자연스럽게 눈에 들어오게 되며, 그때 필요한 데이터만 선별적으로 활용하면 된다.

상권분석 리포트를 수집할 때는 관심 있는 업종을 동일하게 설정하고, 반경 500m를 기준으로 상세분석을 진행한다. 동일한 범위를 기준으로 분석해야 상권 간 비교가 가능하기 때문이다. 같은 범위에서 수집한 유동인구와 배후인구 데이터를 통해 상권의 성격을 파악하고, 이를 유형화해 분석하는 연습을 반복한다면 예비창업자의 상권 분석 역량은 자연스럽게 향상될 것이다.

상권분석 리포트 출력하여 활용하기

예시

중요한 데이터를 기초로 예비창업자는 상권을 분석해야 한다. 프랜차이즈 창업 과정에서 마주하게 되는 수많은 데이터를 읽고 해석해 낼 수 있어야 하며, 어떤 데이터가 의미 있는지, 그 데이터를 사업성 검토에 어떻게 적용할 수 있는지를 스스로 질문하고 답을 찾아가는 과정이 지속적으로 필요하다.

상권을 바라보는 시선은 사람마다 다를 수 있지만, 예비창업자는 반드시 프랜차이즈 브랜드를 오픈하는 관점에서 상권을 바라보아야 한다. 유동량을 기준으로 상권을 유형화하고, 브랜드에 적합한 상권을 선별한 뒤 입지를 평가하며 사업성이 있는지를 검토한다. 이어 매출과 비용, 월세가 해당 브랜드의 손익구조와 맞는지를 점검하는 것이 상권 분석의 핵심이다.

아래는 서울대입구역 상권을 분석한 예시다. 이와 같은 형식으로 예비창업자가 직접 검토한 상권을 기록해 두길 권한다. 때로는 이렇게 정리한 상권 분석 자료를 지인이나 창업 컨설턴트에게 공유하고 피드백을 받아보는 것도 도움이 된다. 자신이 파악한 내용과 놓친 부분을 타인의 시선을 통해 검증할 수 있기 때문이다.

상권 분석 보고 예시

브랜드: 패스트푸드 버거킹

대상지 정보
제안받은 물건은 서울시 관악구 관악로에 위치해 있다. 건축물 대장 확인 결과, 2022년 준공된 신축 건물의 1층 전용면적 50평이며 현재 공실 상태다. 동일 건물에는 스타벅스, 베스킨라빈스, GS25 등 업종별 주요 프랜차이즈 브랜드가 입점해 있으며, 지하 4층~지상 8층 규모의 상업시설이다.

임대차 조건
임차 조건은 보증금 3억 원, 월세 1,800만 원, 관리비 1,000만 원이다. 계약 조건은 보증금과 관리비는 계약 기간 동안 동결, 월세는 2년마다 5% 인상 조건이다. 최초 제안 조건은 보증금 2억 원, 월세 2,000만 원이었으나, 보증금을 1억 원 증액하는 대신 월세를 200만 원 인하하는 방식으로 조정하였다.

상권 정보
해당 점포는 서울대입구(관악구청)역 상권의 주동선인 3번 출구에서 관악구청 방향으로 약 200m 지점에 위치해 있다. 인근에는 오피스텔과 원룸 등 소형 주거시설이 밀집되어 있으며,

주요 배후시설로 관악구청이 자리하고 있다.

서울대입구(관악구청)역은 관악구 내 12개 지하철역 가운데 일일 평균 승하차량이 두 번째로 많은 역이다. 2025년 기준 일일 평균 승하차량은 88,078명으로, 관악구 평균 35,106명 대비 약 2.5배 수준이다. 서울시 전체 304개 지하철역 중에서도 승하차량 순위 22위에 해당하는 핵심 상권이다.

관악구 지하철역 일일 평균 승하차량 순위는 다음과 같다.

1위 신림역 110,692명

2위 서울대입구(관악구청)역 88,078명

3위 낙성대역 52,698명

4위 봉천역 45,680명

5위 서울대벤처타운역 18,577명

6위 당곡역 9,399명

7위 서원역 6,620명

8위 관악산(서울대)역 6,419명

상권 분석 보고서

소상공인365 빅데이터를 활용하여 반경 500m 기준으로 상권을 분석하였다. 분석 항목은 업종 현황, 매출 분석, 인구 분석이다.

첫째, 업종 현황을 살펴보면 업소 수는 ○○개, 동일 업종 경쟁

점포는 ○○개다. 월평균 매출액은 관악구 평균 월평균 매출 대비 ○○% 높은 ○,○○○만 원 수준이다.

둘째, 매출 추이는 월별 약 ±10% 수준의 변동을 보이고 있으며, 주중과 주말 매출 비율은 ○○대 ○○○이다. 이는 관악구 평균 주중·주말 매출 비율과 유사한 수준이다.

셋째, 인구 분석 결과 일평균 유동인구는 ○○○,○○○명이며, 주중과 주말 유동인구 비율은 ○○대 ○○○이다. 관악구 전체 평균 역시 주중 유동인구 비중이 더 높은 구조로, 해당 상권 역시 직장·행정 수요가 일정 부분 작동하고 있는 것으로 판단된다.

경쟁 점포 분석

동일 상권 내 가장 강력한 경쟁 시설은 해당 물건에서 서울대입구역 방향으로 약 50m 떨어진 롯데시네마다. 동일 동선에 위치해 있으나, 고객 이동 방향 기준으로는 검토 중인 물건보다 역방향에 있어 입지 경쟁력은 다소 낮다. 다만 전용면적 60평 규모로, 면적 측면에서는 검토 물건 대비 우위를 가진다.

주변 1층 점포의 월세 시세는 전용평당 약 40만 원 수준이나, 본 물건은 평당 약 36만 원으로 주변 시세 대비 약 90% 수준이다. 공실 이전 임차인은 커피전문점으로, 약 2년 전 폐점하였으며, 운영 당시 해당 업종 평균 대비 약 1.7배 수준의 매출을 기록한 것으로 확인되었다.

이와 같은 방식으로 상권을 기록하고 비교·축적해 나간다면, 예비 창업자는 감이 아닌 근거를 가진 창업 의사결정에 한 걸음 더 가까워 질 수 있다.

400명 이상의
시간당 유동인구

머무르고 물어보고 맞춰본다

프랜차이즈 브랜드와의 적합성이 높은 상권을 찾기 위해서는 데이터 분석이 중요하지만, 그에 못지않게 예비창업자의 직접적인 경험이 필요하다. 프랜차이즈 창업을 목표로 하는 상권을 선정했다면, 예비창업자는 그 상권에 실제로 머무르며 보고, 물어보고, 맞춰보는 과정을 거쳐야 한다. 이 과정에서 스스로 확인해야 할 질문들을 미리 정리해 두는 것이 좋다.

예비창업자는 주중과 주말, 점심과 저녁 등 최소 네 개의 시간대를 기준으로 각각 두 번 이상, 적어도 총 8회 이상 해당 상권에 머무르기를 권한다. 만약 데이터 분석 과정에서 특정 시간대에 유의미한 특이사항이 발견되었다면, 그 시간대에 집중적으로 머무르며 관찰해야 한다. 현장에 머무르다 보면 데이터로만 보았던 질문들에 대한 답을 자연스럽게 찾을 수 있고, 그 답은 반드시 기록으로 남겨야 한다.

현장에서 머무르는 것만으로도 해결되지 않는 질문이 있다면, 주변 점포를 운영하는 상인이나 아르바이트생, 인근 부동산 중개인에게 직접 물어본다. 질문에 대한 명확한 답을 얻지 못하더라도, 질문에 대한 반응 자체를 기록해 두는 것이 중요하다. 이러한 기록은 예비창업자가 상권 분석 자료와 현장 경험을 대조하며 상권의 적합성과 입지 평가를 수행하는 데 중요한 참고 자료가 된다.

프랜차이즈 브랜드 평균을 상회하는 매출이 발생할 수 있는지, 현재의 임대 시세가 예상 매출로 감당 가능한 수준인지 여부는 예비창업자가 반드시 확인해야 할 핵심 요소다. 상권과 프랜차이즈 브랜드의 적합성이 높다고 판단된다면 평균 이상의 매출을 기대할 수 있다. 특히 입지 평가가 우수함에도 불구하고 주변 유사 입지 대비 월세가 상대적으로 낮다면, 해당 점포는 사업성이 있다고 판단할 수 있다.

예비창업자는 사전 조사에서 확보한 데이터를 현장 조사 과정에서 하나하나 맞춰보아야 한다. 머무르고, 물어보고, 맞춰보는 과정을 반복하면서 데이터는 단순한 숫자가 아닌 현장의 감각으로 전환된다. 프랜차이즈 창업을 위한 대상 브랜드와 점포를 어느 정도 좁혔다면, 주중과 주말 각각 하루씩은 점포 앞을 지나는 유동인구를 직접 계수해 기록해 보는 것이 좋다. 보다 정밀한 조사를 원한다면 날씨가 좋은 날과 좋지 않은 날을 구분해 유동량을 계수하는 것도 도움이 된다.

프랜차이즈 창업에서 성공 확률을 높이기 위해서는 상권을 자주 임장하며 입지를 평가하고 물건을 꼼꼼히 검토해야 한다. 검토 중인 상권에 오래 머무르고, 다양한 사람들에게 상권과 입지에 대해 질문 하는 과정은 필수적이다. 이러한 반복적인 과정 속에서 예비창업자 는 자신이 수집한 정보와 분석 결과를 현장에 대입해 보고, 그에 대 한 피드백을 스스로 체득하게 된다. 이 축적된 경험이 결국 프랜차이 즈 창업의 성공 가능성을 높이는 가장 강력한 자산이 된다.

유동인구 계수하기

예비창업자의 현장 조사에서 유동인구 계수는 필수다. 물론 ChatGPT와 같은 도구를 활용해 유동인구를 추정할 수는 있지만, 실 제로 임장하여 직접 계수해야만 현장의 느낌을 몸과 머리에 동시에 담을 수 있다. 현장에서 체득한 감각은 때로는 통계보다 더 정확하며, 이러한 감각은 향후 점포 운영에 큰 영향을 미친다. 따라서 예비창업 자는 유동인구 조사표를 항상 지참하고, 시간대별·성별·연령대별로 유동인구를 직접 조사해야 한다.

시간	10대		20대		30대		40대		50대		60대↑	
	남	여	남	여	남	여	남	여	남	여	남	여
08-09시												

　　　　　　　　　　　　　　　2부 상권과 입지 평가

09-10시													
10-11시													
11-12시													
12-13시													
13-14시													
14-15시													
15-16시													
16-17시													
17-18시													
18-19시													
19-20시													
합 계													
비 율													

유동인구 조사표

앞서 우선 검토할 상권의 첫 번째 기준은 지하철역의 일일평균 승하차량이었다. 다음 단계로는 우선 검토할 입지의 기준을 유동량으로 설정한다. 지하철역 일일평균 승하차량이 40,000명이라면, 보통 사거리 기준으로 약 8개의 출구가 형성된다고 가정할 수 있다. 이 경우 출구 하나당 일일평균 유동인구는 약 5,000명 수준이다. 이를 사람들이 주로 활동하는 시간인 12시간으로 나누면 시간당 약 400명의 유동인구가 발생한다고 볼 수 있다.

점포 앞을 지나는 유동인구가 시간당 평균 400명을 넘는다면, 해당 입지는 우선적으로 검토할 가치가 있는 입지라고 판단할 수 있다. 이 기준에 부합하는지를 확인하기 위해 예비창업자는 간단한 방식으로 유동인구를 계수해 볼 수 있다. 평균적인 유동이 발생하는 시간대인 오후 4시부터 5시 사이를 기준으로 약 15분간 유동인구를 계수한 뒤, 해당 숫자에 4를 곱해 시간당 유동량을 약식으로 추정하는 방법이다.

시간	10대		20대		30대		40대		50대		60대↑	
	남	여	남	여	남	여	남	여	남	여	남	여
15분												
오후 4~5시												
합 계												
비 율												

약식 유동인구 조사표

예비창업자는 상권과 입지를 유동인구를 기준으로 기록하고 축적해야 한다. 유동인구의 변화는 프랜차이즈 창업의 타이밍을 읽을 수 있는 중요한 신호이기 때문이다. 유동량을 직접 계수하며 체득한 현장의 감각을 주변 임대 시세와 비교하면, 감당 가능한 월세 수준을 보다 현실적으로 산출할 수 있다.

또한 유동인구의 증감 추이를 지속적으로 관찰하다가 유동은 늘어나고 있으나 아직 임대료가 충분히 반영되지 않은 시점에 임대차 계약을 체결한다면, 상대적으로 저렴한 월세로 사업성 있는 프랜차이즈 창업이 가능해진다. 결국 데이터로 확인한 유동인구와 현장에서 체득한 감각을 함께 기록하고 비교하는 과정이 예비창업자의 경쟁력이 된다.

이와 같은 방식으로 반복적으로 유동인구를 계수하다 보면 예비창업자는 숫자 이상의 감각을 얻게 된다. 사람의 흐름, 머무는 방향, 멈추는 지점이 눈에 들어오기 시작하며, 이러한 감각이 결국 상권과 입지를 판단하는 중요한 기준이 된다. 데이터로 시작하되, 현장에서 완성하는 것이 프랜차이즈 창업을 준비하는 예비창업자의 기본 태도다.

변화

유동량은 매출과 비례한다. 실제로 코로나19 이후 각 자치구별로 일일평균 승하차량이 많던 지하철역의 유동량이 크게 감소했으며, 이는 프랜차이즈 창업자들에게 매우 큰 어려움으로 작용했다. 이처럼 유동량은 언제든 변화할 수 있는 변수이므로 예비창업자는 유동량의 변화에 지속적으로 관심을 가지고 민감하게 반응해야 한다.

구분		지하철역	평균승하차량			유동량(반경 500m)		
			구평균	지하철역	대비	2019.02	2020.02	변화량
1	종로구	종로3가	65,126	123,614	190%	263,225	183,474	70%

2	중구	서울역	65,596	190,262	290%	329,953	218,183	66%
3	용산구	용산	26,874	85,865	390%	247,839	151,361	61%
4	도봉구	쌍문	37,837	61,568	163%	93,102	82,608	89%
5	강북구	수유	19,940	75,522	379%	185,814	169,093	91%
6	성북구	성신여대입구	24,743	55,437	224%	172,031	138,245	80%
7	노원구	노원	30,818	90,631	294%	178,817	158,660	89%
8	동대문구	청량리	87,370	42,743	231%	180,330	140,326	78%
9	중랑구	상봉	19,979	46,426	232%	136,863	103,464	76%
10	성동구	왕십리	24,275	81,882	337%	235,824	175,890	75%
11	광진구	건대입구	48,766	125,556	257%	231,487	149,744	65%
12	강동구	천호	25,232	80,006	317%	172,770	141,535	82%
13	송파구	잠실	30,356	203,325	670%	419,336	341,945	82%
14	서초구	고속터미널	46,985	195,145	415%	428,576	263,919	62%
15	강남구	강남	47,761	200,392	419%	372,076	292,462	79%
16	동작구	사당	41,478	146,521	353%	302,787	214,456	71%
17	관악구	신림	80,970	137,912	170%	212,089	244,747	115%
18	금천구	가산디지털단지	56,850	113,180	199%	183,706	136,857	75%
19	강서구	까치산	58,819	26,667	221%	110,904	102,318	92%
20	양천구	오목교	25,729	50,080	195%	167,131	138,858	83%
21	영등포구	영등포	40,342	101,859	252%	205,724	152,385	74%
22	구로구	신도림	50,030	124,986	250%	274,325	248,509	91%
23	은평구	연신내	28,770	81,235	282%	130,754	112,235	86%

2부 상권과 입지 평가

| 24 | 마포구 | 홍대입구 | 46,705 | 195,884 | 419% | 284,241 | 194,012 | 68% |
| 25 | 서대문구 | 신촌 | 33,378 | 97,220 | 291% | 179,019 | 149,725 | 84% |

2019년과 2020년 25개 상권 유동량 비교

　예비창업자가 유동인구의 변동 폭이 작은 상권을 찾아 프랜차이즈를 창업한다면 보다 안정적인 운영이 가능하다. 외부 환경의 충격에도 유동량의 변화가 크지 않으려면 상권의 성격이 복합적이어야 한다. 즉, 직장인구와 같은 외부 유입 수요와 주거인구를 중심으로 한 내부 소비가 동시에 확보되어야 한다.

　고객층이 다양하고 주중과 주말, 점심뿐 아니라 저녁 시간대에도 매출이 고르게 발생하는지를 판단하기 위해서는 예비창업자가 시간대별로 유동량을 직접 조사하는 과정이 필요하다. 이 과정에서 지속적으로 사람들이 모이는 입지를 선별해 범위를 좁혀 나가고, 최종적으로는 그 입지 중에서도 상대적으로 월세가 낮은 곳을 찾아 프랜차이즈 창업을 준비해야 한다.

단위면적(3.3㎡)당
20만원 이하의 월세

주변 시세 보다 낮은

여러 비용 중에서도 월세가 특히 중요한 이유는, 예비창업자의 노력에 따라 낮출 수 있는 거의 유일한 비용이기 때문이다. 발품을 팔고 시간을 들이면 주변 시세보다 낮은 월세의 입지를 확보할 수 있으며, 이는 곧 고정비를 줄이는 가장 현실적인 방법이 된다.

물론 주변 시세라는 기준이 존재하기에 무작정 월세를 낮출 수는 없다. 그렇기에 예비창업자는 먼저 '주변 시세가 얼마인지', 그리고 '시세 대비 어느 수준이면 저렴하다고 볼 수 있는지'를 스스로 판단할 수 있어야 한다. '싸다'는 개념은 절대적인 수치가 아니라 비교를 통해 상대적으로 판단되는 것이기 때문이다.

예를 들어 월세가 100만 원이라 하더라도 어떤 상권에서는 비싸게 느껴질 수 있고, 다른 상권에서는 오히려 저렴하게 평가될 수 있다. 또한 같은 월세라도 10평에서는 비싸고 20평에서는 싸게 느껴질 수 있다. 따라서 저렴한 월세를 찾기 위해서는 동일 상권 내에서 단위면적(3.3㎡)당 월세를 기준으로 비교하는 것이 필수적이다.

우선 동일 상권에서 여러 임대 사례를 조사해 단위면적(3.3㎡)당 월세를 산출한다. 조사된 시세의 평균을 해당 상권의 적정 월세로 가정한 뒤, 검토 중인 입지와 비교해 판단한다. 평균과 유사하면 적정 수준, 평균의 80% 수준이면 저렴한 편, 120% 수준이면 비싼 편으로 볼 수 있다.

이를 위해 네이버 부동산 등 부동산 플랫폼에 게시된 임대 정보를 활용해 보증금과 월세를 단위면적(3.3㎡)당 월세로 환산한다. 보증금은 해당 지역의 이자율(예: 6%)을 적용해 연간 이자액을 산출한 뒤 12개월로 나누어 월세로 환산하고, 이를 실제 월세에 더한 후 전체 면적으로 나눈다. 그리고 아래 그림과 같이 위치를 표시하여 작성한다.

예를 들어 보증금 1억 원, 월세 590만 원, 면적 20평인 물건의 경우 보증금 1억 원에 6%를 적용하면 연간 600만 원, 월 기준 50만 원이 된다. 이를 월세 590만 원에 더하면 총 640만 원이며, 이를 20평으로 나누면 단위면적(3.3㎡)당 월세는 약 32만 원이 된다.

이렇게 산출한 단위면적당 월세를 여러 사례와 비교해 평균을 구한 뒤, 검토 중인 물건이 평균 대비 어느 수준인지를 판단한다. 예컨

구분	평수	보증금	임대료	임대료 (환산)	임대료 (평당)
①	20	100,000	5,900	6,400	320
②	12	50,000	3,250	3,500	289
③	11.5	50,000	3,200	3,450	300
④	10	50,000	2,500	2,750	275
⑤	11	50,000	2,800	3,050	280

[단위: 천원, 보증금 6% 환산]

주변 월세 시세

대 조사된 평균이 29.3만 원이고 검토 중인 물건이 32.2만 원이라면, 이는 주변 시세 대비 약 110% 수준으로 다소 비싼 편에 해당한다.

　예비창업자는 이러한 사전 조사를 바탕으로 임대조건을 판단하고, 이를 검증하기 위해 반드시 현장조사를 병행해야 한다. 관심 있는 상권 인근의 부동산 중개업소를 직접 방문해 인터뷰를 진행하고, 상가 물건을 주로 취급하며 정보가 많은 중개업소를 중심으로 비교 분석한다. 또한 임대 문의 현수막이 붙은 공실 물건의 경우에는 직접 연락해 조건을 확인한다.

　임대조건을 문의하는 과정이 처음에는 낯설고 불편하게 느껴질 수 있다. 통화 과정에서 임대인이나 중개인이 목적을 묻거나 질문을 많이 해 당황하는 경우도 있다. 그러나 예비창업자가 이러한 불편함을 감내하고 침착하게 대응한다면, 충분히 필요한 정보를 얻어낼 수 있으며 이는 결국 월세 협상력으로 이어진다.

매출로 감당할 수 있는 월세

프랜차이즈 브랜드를 지속적으로 운영하기 위해서는 월세를 매출로 감당할 수 있어야 한다. 매출로 월세를 감당할 수 있는지는 월세가 매출에서 차지하는 비율로 판단할 수 있다. 지속가능한 프랜차이즈 창업을 위해서는 매출 대비 월세 비율을 낮게 유지하는 것이 핵심이다.

흔히 월세는 "싸면 된다"고 생각하기 쉽지만, 주변 시세 대비 저렴하더라도 매출 대비 월세 비율이 높다면 점포를 유지하기 어렵다. 따라서 예비창업자는 절대적인 월세 금액이 아니라 '매출 대비 월세'라는 관점으로 접근해야 한다. 프랜차이즈 브랜드의 매출이익률과 손익구조에 따라 감당 가능한 월세 비율의 기준을 먼저 설정해야 한다.

예를 들어 전용 30평 규모의 카페라면 매출 대비 월세 비율을 약 12% 수준으로 보는 것이 하나의 기준이 될 수 있다. 비율이 낮을수록 안정적이지만, 지나치게 낮은 기준을 설정하면 현실적으로 계약 가능한 후보지가 극도로 줄어든다. 임대인 역시 예상 매출을 고려해 월세를 산정하기 때문에 일정 수준의 현실성이 필요하다.

예비창업자는 선택한 프랜차이즈 브랜드의 손익구조를 바탕으로 감당 가능한 월세 비율을 정하고, 그 기준에 맞는 후보지를 찾는다. 예를 들어 전용 30평 카페의 월평균 매출을 3,500만 원으로 가정할 경우, 매출 대비 월세 12%라면 월세는 약 420만 원이다. 이를 30평으로 나누면 단위면적(3.3㎡)당 월세는 약 14만 원이 된다. 보증금은 별도로 월세로 환산해 계산하며, 통상 월세의 10배 수준으로 설정되는 경우가 많다.

반면 전용 150평 규모의 대형 레스토랑은 월세 기준을 보다 보수적으로 설정해야 한다. 대형 점포는 초기 투자비가 크기 때문에 매출 대비 월세 비율을 약 5% 수준으로 관리하는 것이 바람직하다. 다만 대형 프랜차이즈 레스토랑은 상권이나 건물 내에서 집객 효과를 기대할 수 있어 협상이 상대적으로 수월한 편이다.

예를 들어 대형 레스토랑의 평균 월매출을 2억 원으로 가정할 경우, 매출 대비 월세 5%는 월세 1,000만 원이다. 이를 150평으로 나누면 단위면적(3.3㎡)당 월세는 약 6만7천 원 수준이 된다. 이러한 계산을 통해 예비창업자는 면적과 매출 규모에 따른 현실적인 월세 기준을 설정할 수 있다.

예비창업자는 프랜차이즈 브랜드의 사업성에 기초해 월세 기준을 수치로 명확히 가져야 한다. 예를 들어 시간당 유동인구가 400명, 하루 유동인구가 5,000명이고 이 중 2%가 고객으로 전환된다면 하루 객수는 100명이다. 객단가가 1만 원이라면 일매출은 100만 원, 월매출은 약 3,000만 원이 된다. 이 매출이 감당할 수 있는 월세 비율을 기준으로 입지를 판단한다.

매출 대비 감당 가능한 월세가 5%라면 월세 기준은 150만 원, 10%라면 300만 원이다. 만약 10평 점포라면 5% 기준에서는 단위면적(3.3㎡)당 15만 원, 10% 기준에서는 30만 원이 된다. 보다 보수적으로 월세의 15배 매출을 기준으로 판단한다면, 단위면적(3.3㎡)당 월세는 20만 원 이하의 점포를 찾는 것이 바람직하다.

프랜차이즈 창업은 경기 변동이나 외부 환경 변화에 민감해 쉽게 영향을 받는다. 유리잔처럼 작은 충격에도 깨질 수 있는 구조이기에, 더욱더 월세에 보수적으로 접근해야 한다. 경기가 나빠지거나 외부 환경이 변해도 월세는 줄어들지 않기 때문이다. 결국 버틸 수 있느냐는 매출이 월세를 감당할 수 있느냐에 달려 있다.

특히 인테리어와 집기 등 상당한 초기 투자비가 투입되므로, 예비창업자가 투자금을 회수하기 위해서도 고정비용인 월세는 가장 중요한 관리 대상이다. 매출로 충분히 감당 가능한 월세의 점포를 찾아 계약하거나, 가능하다면 매출 대비 지불 가능한 월세 비율을 기준으로 임대조건을 협상할 수 있다면 예비창업자의 리스크는 크게 줄어든다.

월세

예비창업자는 월세를 판단할 때 반드시 두 가지 기준을 동시에 적용해야 한다. 하나는 주변 시세 대비 월세이고, 다른 하나는 매출 대비 월세의 비중이다. 가장 이상적인 점포는 주변 시세보다 저렴하면서도 매출 대비 월세 비중이 낮은 곳이다. 주변 시세를 기준으로 판단할 때는 입지의 우수성에 따라 가중치를 두어 비교하고, 매출 대비 비중을 판단할 때는 프랜차이즈 브랜드의 매출이익률을 기준으로 삼는다. 이 두 기준을 종합해 단위면적(3.3㎡)당 월세가 낮은 점포를 선택하는 것이 합리적이다.

일반적인 임대차 계약에서는 보증금과 월세가 고정되어 있다. 월세는 매출이 많든 적든 매월 동일하게 지출되는 고정비용이다. 고정비는 매출이 하락할수록 부담이 급격히 커지기 때문에, 창업 리스크를 줄이기 위해서는 가능하다면 고정비인 월세를 변동비 구조로 바꾸는 것이 유리하다. 일부 쇼핑몰이나 특수상권에서는 매출 대비 수수료 방식으로 월세를 지급하는 구조를 선택하기도 한다.

이른바 수수료 점포, 즉 매출 대비 일정 비율을 월세로 지급하는 방식은 대체로 예비창업자에게 유리하다. 매출이 낮을 때는 부담이 줄고, 매출이 높을 때만 비용이 늘어나기 때문이다. 다만 이 방식에서 가장 중요한 전제는 예비창업자가 해당 프랜차이즈 브랜드가 감당할 수 있는 월세 비율을 정확히 알고 있어야 한다는 점이다. 감당 가능한 비율을 넘는 수수료를 지급한다면 매출이 늘어도 수익이 남지 않는 구조가 된다.

따라서 예비창업자는 특수한 상황을 만들고, 감당 가능한 비율의 월세로 협상하려는 노력이 필요하다. 쇼핑몰에서는 비교적 일반적인 방식이지만, 일반 건물에서는 흔하지 않기 때문에 더 많은 설득과 조건 조율이 요구된다. 임대인은 매출 누락 가능성과 월세 수입의 변동성을 꺼리기 때문에, 공실이 장기화된 경우나 브랜드 파워가 강한 프랜차이즈를 유치하는 경우처럼 임대인이 받아들일 수 있는 명확한 명분이 필요하다.

예비창업자에게 낮은 월세는 안정적인 프랜차이즈 운영을 위한 가장 중요한 요소다. 주변 시세 대비 낮은 월세는 향후 점포의 권리금 형성으로 이어질 수 있고, 매출 대비 낮은 월세 비중은 곧 예비창업자의 수익을 높이는 구조가 된다. 고정비로서의 월세가 낮다면 가장 이상적이지만, 여건이 어렵다면 고정비를 변동비로 전환해 위험을 분산하는 것도 하나의 전략이다.

예비창업자의 수익은 매출이익에서 월세와 기타 비용을 제외하고 남는 금액이다. 수익을 극대화하기 위해서는 상권과 입지를 철저히 조사하고, 월세 협상에 적극적으로 나서야 한다. 더불어 매출 변동이라는 불확실성에 대비해 매출 대비 월세 구조라는 안전장치를 마련하는 것이 바람직하다.

최근처럼 시장 환경의 불확실성이 큰 시기에는 매출 대비 수수료 방식의 월세가 매출 하락 시 리스크를 방어하는 유효한 수단이 될 수 있다. 힘 있는 1등 프랜차이즈 브랜드를 유치하거나, 장기간 공실 상태인 점포를 활용하는 등 임대인이 수용할 수 있는 협상 조건을 만들어 매출 대비 월세라는 '기술'을 전략적으로 구사하길 바란다.

4가지 입지 요인에 따라
가중치 부여

좋은 상권 내에도 좋은 입지는 따로 있다. 좋은 상권에서 좋은 입지를 선택한다면 프랜차이즈 창업에서 좋은 성과를 내겠지만 좋은 상권에서도 나쁜 입지를 선택한다면 좋은 성과를 내기 어렵다. 좋고 나쁘기를 따지기 위해서는 입지에 대해 평가를 할 필요가 있는데 입지 평가 요인은 다음의 4가지 1. 가시성, 2. 유동량, 3. 접근성, 4. 집객도가 있다.

가시성과 유동량

첫째 평가 요소는 가시성이다. 고객은 목적을 가지고 점포를 찾아오기도 하지만, 상당수는 지나가다 우연히 점포를 인지하고 방문

한다. 따라서 고객이 점포를 인식할 수 있는 가능성을 얼마나 높일 수 있는지가 매우 중요하다. 가시성은 기본적으로 점포가 도로와 접하는 노출면을 기준으로 평가한다. 즉, 점포를 외부에서 인지할 수 있는 면적과 구조가 핵심이다.

예를 들어 아이스크림 전문점 베스킨라빈스의 경우, 점포가 도로에 2면 이상 접해야 한다는 출점 기준을 두고 있다. 이는 코너 입지를 선호한다는 의미다.

가시성 평가 시 적용할 수 있는 기준은 다음과 같다.

- 점포가 도로에 3면 이상 접하는 경우: +20%
- 점포가 도로에 2면 접하는 경우: +20%
- 단면이 도로에 접하면서 길이가 6m 이상인 경우: 0%
- 단면이 도로에 접하되 길이가 6m 이하인 경우: -20%
- 도로에 직접 접하지 않는 경우: -20%

또한 점포의 위치 형태도 중요하다.

- 점포가 도로 쪽으로 돌출되어 있는 경우: +20%
- 점포가 건축선 후퇴(셋백) 등으로 뒤로 물러난 경우: -20%

노출면의 길이가 점포 면적 대비 길수록, 그리고 점포가 전면으로 돌출되어 있을수록 가시성은 높아진다. 반대로 건축선 후퇴, 필로티 구조(1층 기둥 공간), 디자인 요소로 점포 전면이 가려진 경우 등은 도로에 면한 길이를 줄여 가시성을 크게 떨어뜨린다.

간판 역시 가시성을 평가하는 중요한 요소다.

- 간판 길이가 10m 이상인 경우: +20%
- 간판이 2개 이상 설치 가능한 경우: +20%

실제로 간판 길이가 10m 이하인 점포는 본사 직영점 출점을 꺼리는 사례도 적지 않다.

가시성은 노출 면적뿐 아니라 노출 시간으로도 평가할 수 있다. 예를 들어 점포 앞에 횡단보도가 있는 경우, 보행자가 신호를 기다리며 자연스럽게 점포를 바라보게 된다. 이는 점포의 노출 시간을 늘려 가시성을 크게 높인다. 이런 경우에도 +20%의 가중치를 부여할 수 있다.

둘째 평가 요소는 유동량이다. 프랜차이즈 브랜드의 특성에 따라 도보 유동과 차량 유동을 구분해 확인해야 한다. 특히 도보 유동의 경우에는 단순한 양뿐만 아니라 질을 함께 평가하는 것이 중요하다.

시간대별로 유동인구를 계수하며 성별과 연령대별로 구분해 측정하고, 해당 유동이 출근 동선인지 퇴근 동선인지 등 이동의 성격도 함께 파악해야 한다. 이를 통해 유동의 양과 질을 동시에 분석할 수 있다.

예를 들어 헬스앤뷰티 전문점 올리브영처럼 주요 고객이 20~30대 여성인 브랜드의 경우, 해당 연령대 여성의 유동이 많다면 이 유동에 +20%의 가중치를 적용할 수 있다. 제과점의 경우에는 출근 동선보다는 퇴근 동선에서 소비가 많이 발생하는 경향이 있으므로, 퇴근 동선 유동에 +20%의 가중치를 부여하는 방식이 합리적이다.

이처럼 가시성과 유동량은 단순한 감이 아니라, 구조와 수치, 브랜드 특성을 반영해 평가해야 하는 핵심적인 입지 판단 요소다.

접근성과 집객도

셋째 요소는 접근성이다. 점포로 진입하는 과정에 장애가 없어야 한다. 고객이 점포에 어떻게 들어가야 하는지를 직관적으로 인식할 수 있어야 하며, 심리적·물리적으로 부담 없이 진입할 수 있도록 점포가 구성되어야 한다. 즉, 점포 입구에 계단이나 급한 슬로프 등이 존재할 경우 접근성의 장애 요소로 작용한다. 실제로 점포개발자가 투자심의를 진행하는 과정에서 입구 계단 문제로 출점 심의가 부결되는 사례도 적지 않다.

진입부에 계단이 5개 이상 있는 경우에는 출점이 불가한 입지로 판단하며, 계단이 있을 경우 계단 1개당 -10%의 가중치를 적용한다. 1층 점포에서도 접근성은 중요하지만, 지하나 2층 점포의 경우 1층 대비 접근성이 상대적으로 떨어지므로 진입 동선을 더욱 면밀히 확인해야 한다.

특히 1층을 통하지 않고 2층이나 지하로 직접 연결되는 일자형 직계단이 있는 경우에는 접근성이 크게 개선되므로 +20%의 가중치를 적용할 수 있다. 엘리베이터 역시 접근성을 보완할 수 있는 요소이지만, 이용 빈도와 가시성을 함께 검토해야 한다.

넷째 요소는 집객력이다. 흔히 '스세권', '맥세권'이라는 표현이 사용되듯이, 스타벅스나 맥도날드처럼 강력한 집객력을 가진 프랜차이즈 브랜드가 인근에 위치해 있는지는 상권과 입지를 평가하는 중요한 기준이 된다. 힘 있는 1등 프랜차이즈 브랜드가 모여 있을수록 자연스럽게 사람을 끌어들이는 효과가 발생한다.

저자는 상권을 조사할 때 가장 먼저 힘 있는 1등 브랜드들이 지하철역 몇 번 출구를 중심으로 모여 있는지를 확인한다. 이는 해당 출구가 이미 검증된 동선이며, 소비가 발생하는 핵심 지점이라는 의미이기 때문이다.

올리브영의 입지를 살펴보면 스타벅스 옆에 위치한 경우가 많은데, 이는 스타벅스의 주 고객층인 20~30대 여성과 올리브영의 핵심 고객층이 일치하기 때문이다. 즉, 스타벅스가 먼저 고객을 끌어모으고, 올리브영이 그 흐름을 공유하는 구조다.

이처럼 힘 있는 1등 브랜드들이 모여 시너지를 내는 경우도 많다. 화장품이나 패션 업종은 여러 프랜차이즈 브랜드가 집적될수록 상호 간 시너지가 발생하고, 병·의원 업종 역시 다양한 진

료과가 모인 클리닉 전문 빌딩을 선호하는 경향이 있다. 검토 중인 점포가 위치한 건물의 1층에 힘 있는 1등 브랜드들이 입점해 있다면 +20%의 가중치를 적용할 수 있다.

집객력을 높이는 또 하나의 매우 중요한 요소는 주차다. 가족 단위 고객이 주로 방문하는 패밀리 레스토랑이나, 스크린골프 등 운동 관련 프랜차이즈 브랜드의 경우 주차 가능 여부는 선택이 아니라 필수 조건에 가깝다. 무료 주차가 가능하고 상시 주차 공간이 확보되어 있다면 +20%의 가중치를 적용한다.

예비창업자는 입지를 평가할 때 단순히 "좋아 보인다"는 인상에 의존해서는 안 된다. 가시성, 유동량, 접근성, 집객력이라는 네 가지 요소에 가중치를 적용해 입지를 정량적으로 평가하고, 그 결과를 가격과 비교해 가치 대비 효용성을 따져봐야 한다.

즉, 입지 가치에 비해 임대조건이 합리적인지, 가치 대비 가격이 높은지 낮은지를 판단하는 것이다. 네 가지 요소를 종합적으로 평가해 점수가 높은 입지를 선별하고, 그중에서도 좋은 임대조건을 확보할 수 있는 점포를 찾아 임대차계약을 체결하는 것이 프랜차이즈 창업 성공 확률을 높이는 방법이다.

노출과 연출 (양출)

입지는 거시적 입지와 미시적 입지로 구분할 수 있다. 거시적 입지는 상권 내에서 점포가 차지하는 위치를 의미하며, 미시적 입지는 실제로 점포가 위치한 건물과 그 건물 내에서의 위치를 뜻한다. 즉, 거시적으로는 어느 상권의 어느 지점인가를 보고, 미시적으로는 그 지점에 있는 건물과 점포의 물리적 조건을 살펴보는 것이다.

앞서 제시한 네 가지 입지 요소(가시성, 유동량, 접근성, 집객력)를 종합적으로 고려해 평가했을 때, 좋은 입지에서는 공통적으로 두 가지 '출(出)'이 나타난다. 점포개발자들은 이를 '양출(兩出)'이라고 부르는데, 바로 노출과 연출이다. 좋은 입지는 노출이 뛰어나고, 동시에 연출이 가능한 구조를 갖추고 있다.

양출이 뛰어난 점포는 프랜차이즈 브랜드가 사람들의 시선에 자연스럽게 들어오게 만든다. 이는 예비창업자의 프랜차이즈 창업 성공에 매우 중요한 요소다. 가시성, 유동량, 접근성, 집객력이라는 네 가지 입지 요인은 결국 노출과 연출의 수준을 결정짓는 핵심 변수로 작용한다. 이 네 가지 요인을 표로 정리해 평가하고, 그 결과를 매출 추정이나 감당 가능한 월세를 보정하는 기준으로 활용할 수 있다.

먼저 노출이 좋은 입지란 감춰지거나 가려진 요소 없이 사람들에게 자연스럽게 드러나는 입지를 의미한다. 점포가 도로변에 접해 있거나 코너에 위치해 전면이 넓다면 간판과 점포 외관이 쉽게 노출된다. 특히 코너 입지는 두 개의 도로와 면해 있어 단면 입지보다 훨씬 많은 시선에 노출된다. 코너가 아니더라도 전면 길이가 최소 6m 이상 확보된다면 노출이 뛰어난 입지로 평가할 수 있다. 전면이 넓을수록 점포 인식이 쉬워지고, 브랜드 각인 효과도 높아진다.

구 분	항 목	평가(上) (가중치 x 1.2)	평가(中) (가중치 x 1)	평가(下) (가중치 x 0.8)
가시성	전면길이(M)	8↑	4-8	4↓
	도로접합면(면)	3↑	2	1
유동량	유동의 양(명)	800↑	400-800	400↓
	목표고객비율(%)	20↑	10-20	10↓
접근성	대중교통시설(개)	3개↑	2	1
	진입부계단(개)	0	1	2↑
집객력	건물규모(평)	2,000↑	1,000-2,000	1,000↓
	집객시설	3개↑	2	1

4가지 요인 평가표(비교하는 브랜드에 따라 항목기준을 변경함)

연출이 좋은 입지는 단순히 외부 인테리어가 잘 보이는 것을 넘어, 내부 공간 구성까지 브랜드가 의도한 방식으로 구현할 수 있는 입지를 의미한다. 프랜차이즈 브랜드는 각 업종과 콘셉트에 따라 최적의 전면과 깊이 비율을 가지고 있다. 예를 들어 헬스앤뷰티 브랜드인 올리브영의 경우, 전면 길이가 최소 6.2m 이상이어야 한다. 벽면 진열과 중앙 진열대 두 개 조를 배치하기 위해서는 그 정도의 전면 폭이 필요하기 때문이다.

만약 50평 규모의 점포가 적합하다고 가정하면, 전면이 약 6.2m일 때 깊이는 약 26.6m가 된다. 이는 전면 대비 깊이 비율이 약 1대 4 수준으로, 올리브영과 같은 업종에 적합한 구조다. 전면은 좁고 깊이만 긴 점포는 흔히 '토끼굴'처럼 느껴져 동선이 불편하고 구매 경험이 나빠질 수 있다. 반대로 전면만 넓고 깊이가 얕은 점포는 겉보기에는 커 보이지만 실제로는 진열과 상품 구성이 빈약해 보여 소비자의 기대를 충족시키지 못할 수 있다.

따라서 예비창업자는 프랜차이즈 창업을 고려하는 상권을 자주 걸어 다니며 노출과 연출이 모두 뛰어난 입지를 체크하고, 이를 지도에 표시해 두는 것이 좋다. 특히 눈여겨본 입지가 있다면 인근 부동산 중개업소에 미리 이야기해 두는 것도 하나의 전략이 된다. 상권을 수시로 관찰하고 지속적으로 관심을 두다 보면, 좋은 입지는 반드시 눈에 들어온다.

프랜차이즈 창업에 적합한 입지는 우연히 발견되는 것이 아니라, 간절히 원하고 적극적으로 움직이는 예비창업자에게 발견된다. 노출과 연출이 모두 가능한 입지를 찾아내는 집요한 과정이 결국 프랜차이즈 창업의 성패를 가르는 중요한 분기점이 된다.

3부

사업성 분석

Fran-Tech:
사업성 분석의 기술

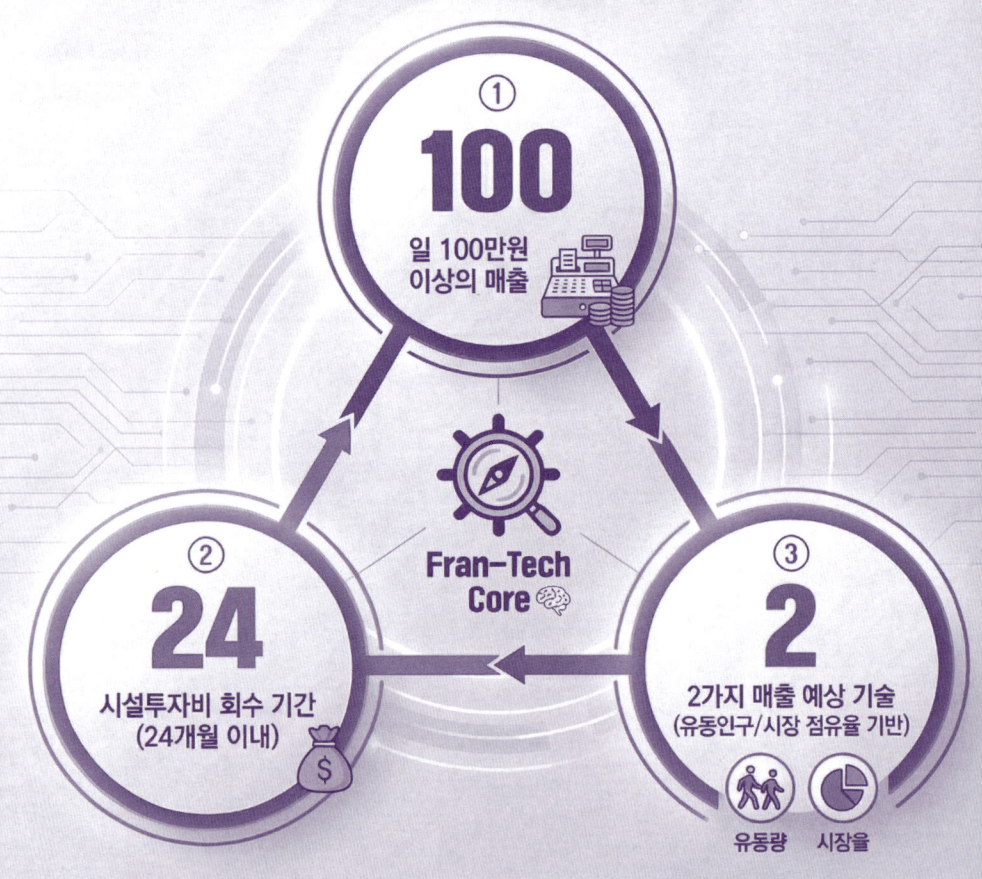

① **100**
일 100만원
이상의 매출

Fran-Tech Core

② **24**
시설투자비 회수 기간
(24개월 이내)

③ **2**
2가지 매출 예상 기술
(유동인구/시장 점유율 기반)

유동량   시장율

사업성 분석의 핵심기술

예상 월매출과
월 영업이익

매출: 객수 곱하기 객단가, 이익: 매출 빼기 비용

예비창업자에게 프랜차이즈 창업의 본질은 '얼마를 팔아서 얼마가 남느냐'에 있다. 손익을 계산하면 프랜차이즈 창업의 사업성을 가늠할 수 있다. 그러나 얼마를 팔 수 있을지는 누구도 정확히 알 수 없고, 얼마가 남는지도 조건에 따라 크게 달라진다. 그렇기 때문에 예비창업자에게는 사업성 검토를 위한 합리적인 가정이 필요하다.

그래서 '얼마를 파느냐'는 프랜차이즈 브랜드의 평균 매출을 기준으로 가정한 뒤, 상권과 입지에 따라 이를 보정하는 방식으로 접근한다. 매출은 객수에 객단가를 곱한 값이므로, 객수와 객단가를 추정하면 매출을 예상할 수 있다. '얼마가 남느냐'는 이렇게 예상한 매출에서 가정한 비용을 차감해 계산하면 된다.

곱하고 빼는 계산이니 매우 단순해 보이지만, 어떤 가정을 하느냐에 따라 매출과 이익은 크게 달라진다. 프랜차이즈 창업에는 정답이 존재하지만, 그 정답에 가까운 가정을 충족시키는 것은 결코 쉽지 않다. 예를 들어 매출원가율이 40% 이하인 브랜드를 선택해야 하고, 월세의 15배 이상 매출이 가능한 상권을 찾아야 하며, 투자비 역시 24개월 이내에 회수할 수 있어야 한다.

매출과 이익을 계산하기 위한 가정은 예비창업자가 직접 설정하지만, 그 가정을 위한 정보는 대부분 창업 과정에서 만나는 프랜차이즈 관련 종사자들로부터 얻는다. 예비창업자가 혼자 모든 정보를 확보하기 어렵기 때문에 점포개발자, 창업컨설턴트, 부동산 중개인 등의 도움을 받는 것은 자연스러운 일이다. 다만 제공받은 정보를 전적으로 신뢰하거나 의존해서는 안 된다.

예비창업자는 먼저 자신만의 조건을 가정할 필요가 있다. 매출을 예상하기 위해 하루 객수는 어느 정도여야 하는지, 객단가는 얼마여야 하는지를 스스로 설정한다. 또한 목표하는 이익을 달성하기 위해 예상 매출 대비 마진은 어느 수준이어야 하는지, 월세는 얼마까지 감당 가능한지, 그 외 고정비와 변동비는 얼마나 들어가는지를 구체화해야 한다.

이처럼 예비창업자의 가정이 구체적일수록 점포개발자로부터 제안받는 상권과 입지의 범위도 명확해진다. 부동산 중개인 역시 적정한 월세 수준의 점포를 보다 정확하게 소개할 수 있다. 창업컨설턴트와의 상담에서도 질문이 분명할수록 더 나은 컨설팅을 받을 수 있으며, 나아가 예비창업자는 제공받은 정보를 데이터로 확인하고 교차 검증할 수 있다.

검증의 단계는 예비창업자가 자신이 아는 것과 모르는 것을 구분하는 과정이다. 이러한 메타인지 능력은 문제의 본질을 파악하게 하고, 프랜차이즈 창업 과정에서 발생할 수 있는 시행착오를 줄여준다. 이 과정을 통해 사업성을 분석하고 컨설팅 내용을 정확히 해석할 수 있다면, 예비창업자는 스스로 설정한 가정에 근거한 조건을 만들어 낼 수 있다.

예비창업자가 이러한 조건을 스스로 설정할 수 있다면, 프랜차이즈 창업을 준비할 수 있는 기본 단계에 도달했다고 볼 수 있다. 준비된 상태에서 창업에 나선다면 성공 확률은 자연히 높아진다. 성공 확률을 더욱 높이기 위해서는 꾸준한 학습을 통해 감을 키우고, 다양한 경험을 통해 운이 개입할 여지를 만들어야 한다. 예비창업자가 예상 매출로 목표 이익을 달성할 수 있는 조건을 끊임없이 만들어간다면, 결국 운도 그 편에 설 것이다.

문제를 찾아낼 수 있어야

예비창업자가 목표하는 이익을 미리 설정해 두면, 실제로 이익이 나지 않는 상황이 발생했을 때 그 원인을 명확히 파악할 수 있다. 프랜차이즈 브랜드의 매출이익률이 낮아서인지, 객단가나 객수가 예상보다 부족했는지, 아니면 영업비용이 과도하게 산정되었는지를 예비창업자가 스스로 점검할 수 있다. 목표 이익이 기준점이 되어 문제의 위치를 드러내는 것이다.

매출이익률이나 객단가의 문제는 프랜차이즈 브랜드 선택이 잘못되었을 가능성이 크다. 객수의 문제는 상권과 입지의 유동량 조사가 부정확했거나, 해당 프랜차이즈 브랜드가 유입시킬 수 있는 비율을 잘못 가정했을 가능성이 높다. 이미 정해진 프랜차이즈 브랜드의 사업구조나 상권과 입지는 예비창업자가 바꿀 수 없다. 따라서 예비창업자가 조정할 수 있는 영역인 투자비용과 영업비용의 기준을 명확히 설정할 필요가 있다.

예를 들어 서울에서 전용면적 15평, 보증금 3,000만 원, 월세 200만 원 조건으로 저가 커피 브랜드 프랜차이즈 창업을 검토한다고 가정해 보자. 월세 200만 원의 상가에서 일매출 100만 원, 월매출 3,000만 원을 예상할 경우 예비창업자는 직접 운영하며 월 550만 원의 영업이익을 올릴 수 있다.

투자비용이 1억 3,000만 원이라면, 예상 월매출 3,000만 원 기준에서 월영업이익 550만 원으로 투자금을 회수하는 데 약 24개월이 소요된다. 만약 예상 월매출이 2,400만 원이라면 월영업이익은 400만 원으로 줄어들고, 투자금 회수 기간은 약 33개월로 늘어난다. 반대로 예상 월매출이 3,600만 원일 경우 월영업이익은 700만 원 수준이 되어 투자금 회수 기간은 약 19개월로 단축된다.

이처럼 목표 이익을 기준으로 시나리오를 나누어 보면, 매출 변동

(단위: 원)

구분		비율	예상매출 (Min.)	예상매출 (Target)	예상매출 (Max.)
매출		100%	24,000,000	30,000,000	36,000,000
매출이익		60%	14,400,000	18,000,000	21,600,000
영업비용	인건비	25%	6,000,000	7,500,000	9,000,000
	관리비	5%	1,200,000	1,500,000	1,800,000
	기 타	5%	1,200,000	1,500,000	1,800,000
	월 세		2,000,000	2,000,000	2,000,000
영업이익			4,000,000	5,500,000	7,000,000
투자비용			130,000,000		
투자비회수			33개월	24개월	19개월

예상매출에 따른 손익계산서

이 사업성에 어떤 영향을 미치는지를 구체적으로 확인할 수 있다. 이러한 계산과 가정의 반복이 예비창업자가 감에 의존하지 않고 프랜차이즈 창업을 판단할 수 있게 만드는 출발점이다.

24개월 안에 투자비를 회수하려면 월매출 3,000만 원과 매출이익률 60%가 안정적으로 유지되어야 한다. 그러나 물가 상승으로 원재료 가격이 오르면 매출이익률 60%를 유지하기 어렵다. 여기에 최저임금 인상에 따른 인건비 상승, 전기·가스요금 등 관리비 증가까지 겹치면 영업비용이 늘어나 월 550만 원의 이익을 내는 것 자체가 쉽지 않다.

만약 월매출이 2,400만 원까지 하락한다면 예비창업자의 상황은 더욱 악화된다. 점포에서 직접 일하면서 월 400만 원의 이익을 벌고 투자비를 회수하려면 33개월이 필요하다. 프랜차이즈 시장은 변화 속도가 빠르고, 브랜드가 그 변화에 충분히 대응하지 못하는 경우도 많다. 인플레이션으로 원가, 인건비, 관리비 등 비용이 지속적으로 상승하는 환경에서 과연 33개월을 버틸 수 있을지는 의문이다.

반대로 월매출이 3,600만 원까지 상승한다면 상황은 다소 나아진다. 예비창업자가 직접 일하며 월 700만 원의 영업이익을 낸다면 투자비 회수 기간은 19개월로 단축된다. 수치상으로는 좋아 보이지만, 예비창업자가 장시간 매장에서 일해 벌어들이는 금액이 700만 원이라는 점을 고려하면 사실상 예비창업자의 인건비는 최저임금 수준에 가깝다.

더욱이 저성장·성숙 사회에 접어든 대한민국에서 매출이 지속적으로 증가할 것이라고 기대하기는 어렵다. 경쟁 브랜드는 계속 늘어나고 있고, 시장은 점점 포화 상태에 가까워지고 있다. 이러한 현실을 감안하면 향후 매출은 낙관적이기보다 보수적으로 예상할 수밖에 없다. 따라서 예비창업자의 사업성 검토는 예상 매출이 가장 낮게 나오는 상황을 기준으로, 비용은 더 높아질 수 있다는 가정을 전제로 설정해야 한다.

예비창업자는 프랜차이즈 브랜드와 가맹계약을 체결하고 1억 3,000만 원의 투자비를 투입했으며, 동시에 임대차계약도 맺는다. 이 시점부터는 상황을 되돌리기가 사실상 불가능하다. 운영 성과가 악화되면 투자비 회수는 지연되고, 가맹점을 유지하는 것 자체가 부담이 된다. 그렇다고 아직 투자비를 회수하지도 못한 상태에서 사업을 쉽게 접을 수도 없다. 초기 단계에서 투자비용과 영업비용의 기준을 지나치게 낙관적으로 설정했다면, 그 부담은 고스란히 예비창업자에게 돌아오게 된다.

검증

먼저 매출이다. 매출은 고객이 얼마나 자주 구매하느냐와 고객이 구매하는 상품의 가격이 얼마이냐에 따라 결정된다. 즉, 매출은 객수에 객단가를 곱한 값이다. 프랜차이즈 브랜드의 경우 객단가의 범위가 비교적 일정하므로, 예비창업자가 객수를 합리적으로 산정할 수 있다면 매출은 어느 정도 예측이 가능하다.

객수를 산정하는 데 주로 사용하는 방법은 두 가지다. 첫째는 유동량에 의한 방법으로, 점포 앞을 지나가는 사람 중 몇 명이 실제 고객으로 전환되는지를 추정하는 방식이다. 둘째는 시장점유율에 의한 방법으로, 점포가 위치한 상권 내 인구 또는 수요 중 어느 정도를 해당 점포가 흡수할 수 있는지를 가정해 보는 것이다. 어느 방법이든 결국 '얼마나 많은 사람이 고객이 되는가'를 수치로 가정하는 과정이다.

이렇게 점포를 방문하는 고객 수를 예상해 일매출을 산정하고, 주중과 주말의 객수 차이를 반영해 각각의 일매출을 계산한 뒤 이를 합산해 월매출을 구한다. 일매출은 점포 운영의 일상적인 관리 지표가 되고, 월매출은 손익을 계산하고 비용의 기준을 설정하기 위한 핵심 지표가 된다. 따라서 예비창업자는 일매출과 월매출을 구분해 관리할 필요가 있다.

다음은 이익이다. 이익은 발생한 매출에서 매출을 발생시키기 위해 들어간 총비용을 차감한 결과다. 매출에서 매출원가를 뺀 매출이익에서 다시 영업비용을 차감하면 최종 이익이 된다. 프랜차이즈 브랜드는 매출원가율이 비교적 명확하게 정해져 있으므로, 인건비·월세·관리비·기타 비용 등 영업비용의 구조를 파악하면 이익을 계산할 수 있다.

영업비용은 프랜차이즈 브랜드의 특성, 상권과 입지, 매출 규모에 따라 크게 달라진다. 조건이 다양할 수밖에 없고, 상황에 따라 비용 구조 역시 달라진다. 따라서 예비창업자는 자신의 조건에 맞게 비용을 설정하고, 예상 매출이 정해졌다면 목표 이익을 먼저 설정한 뒤 그 이익에 맞춰 비용의 한계를 만들어 가야 한다.

이 과정은 비용을 먼저 정하고 남는 돈을 계산하는 방식이 아니라, 이익을 기준으로 비용을 역산하는 접근이다. 이익은 '얼마를 벌고 싶다'는 희망이 아니라, 투자비용을 기준으로 설정되어야 한다. 특히 감가상각되는 투자비용을 감안했을 때, 그보다 충분히 큰 이익이 나와야 한다는 기준이 필요하다. 투자비용에 따른 이익, 이익에 따른 비용 구조가 설정되면 예비창업자는 다시 한 번 예상 매출의 현실성을 검증하게 된다.

손익구조가 명확한 프랜차이즈 브랜드일수록 사업성을 분석하기가 수월하다. 매출이익률이 일정하게 유지되는지, 영업비용이 매출 규모에 따라 얼마나 변동하는지를 손익계산서를 통해 확인할 수 있다. 예상 매출의 산정 근거가 분명하고, 그 예측이 데이터로 검증 가능한 프랜차이즈 브랜드일수록 예비창업자에게는 더 나은 선택지가 된다.

100만원 일매출, 60% 매출이익, 20% 영업이익

매일 100만원을 판다는 것의 의미

아직 창업을 경험해 보지 않은 예비창업자에게는 매출이라는 개념이 쉽게 와닿지 않을 수 있다. 저가 커피 전문점에서 매일 100만 원의 매출을 올리기 위해서는 상당한 노력이 필요하다. 일매출 100만 원은 객단가가 5,000원일 경우 하루 200명의 고객을 상대해야 한다는 의미다. 하루 10시간을 운영한다면 매시간 20건의 결제가 발생해야 하고, 계산상으로는 3분에 한 명씩 쉬지 않고 고객을 응대해야 한다.

매일 10시간 동안 3분에 한 건씩 고객을 감당하는 일은 결코 쉬운 일이 아니다. 하루에 200건의 주문이 꾸준히 발생한다는 것 자체가 이미 대단한 일이다. 여기에 더해 매일같이 능숙하게 200건의 주문을 처리해 100만 원의 매출을 만들어내는 것은 더욱 그렇다. 프랜차이즈 브랜드이기에 가능하다고는 하지만, 그 쉽지 않은 일을 실제로 감당하고 있는 주체는 가맹점주라는 점은 분명하다.

모든 점포가 일매출 100만 원을 기록하는 것은 아니다. 상황에 따라 차이는 있겠지만, 일매출 100만 원을 넘기지 못하면 가맹점을 지속적으로 운영하기는 쉽지 않다. 일매출이 100만 원 이하로 떨어지면 투자비 회수가 어려워지고, 월세와 같은 고정비가 매출에서 차지하는 비중이 커져 영업이익률은 급격히 낮아진다. 게다가 매출이 줄었다고 해서 아르바이트 인건비를 즉각적으로 줄이기도 어렵다.

이 과정에서 가맹점주는 인건비를 줄이기 위해 점포에 더 많은 시간을 묶이게 된다. 결국 인건비를 가맹점주의 노동으로 충당하게 되는 구조다. 1년 내내 점포에 매여 아무것도 하지 못한 채 시간을 쏟아붓고, 삶의 여유를 잃어버릴 수도 있다. 투자비는 언제 회수할 수 있을지, 매출은 왜 오르지 않는지, 다음 달 월세는 어떻게 낼지 걱정하다 보면 차라리 아르바이트를 하는 편이 나았을지도 모른다는 후회가 뒤따른다.

따라서 예비창업자는 '일매출 100만 원'이라는 숫자의 막연함을 반드시 현장에서 확인해야 한다. 그 막연함을 구체화하는 가장 확실한 방법은 실제 점포 운영이 어떻게 이루어지는지를 직접 경험해 보는 것이다. 프랜차이즈 창업을 고민하는 예비창업자에게 가장 진심어린 조언을 하자면, 가맹교육이 아니라 실제 점포에서 아르바이트를 해보라는 것이다. 예비창업자는 반드시 '진짜 운영 현장'을 경험해 볼 필요가 있다.

　매일 같은 일이 반복해서 일어난다는 것은 생각보다 훨씬 어려운 일이다. 그렇기 때문에 매일 100만 원의 매출을 올린다는 것은 결코 당연한 일이 아니며, 오히려 감사해야 할 성과다. 매일 100만 원을 판다는 것의 의미를 정확히 이해하고, 그 무게를 감당할 각오가 되어 있으며, 실제로 그 과정을 경험해 보았다면 예비창업자는 이미 프랜차이즈 창업에 한 걸음 더 가까이 다가가 있는 것이다.

손익계산서의 의미

프랜차이즈 창업을 고민하는 예비창업자의 출발점은 대부분 막연함이다. 이 막연함은 의사결정에 있어 가장 큰 장애물이 된다. 정보가 분명하지 않으면 판단 자체가 불가능하기 때문이다. 따라서 예비창업자는 프랜차이즈 창업 과정에서 이 막연함을 반드시 확실함으로 바꿔야 한다. '오픈하면 월매출 100만 원은 나오겠지', '월 500만 원 정도는 벌겠지'와 같은 막연한 긍정은 경계해야 한다.

　막연함을 확실함으로 바꾸는 출발점은 손익계산서를 직접 만들어 보는 것이다. 창업의 목적은 결국 돈을 벌기 위한 것이므로, 돈이 어떻게 해서 얼마나 벌리는지를 숫자로 확인해야 한다. 예를 들어 아래 표의 프랜차이즈 브랜드를 창업한다고 가정하면, 예상 월매출 3,000만 원은 매일 100만 원을 팔아야 월 600만 원의 이익이 가능하고, 예상 월매출 3,600만 원은 매일 120만 원을 팔아야 월 700만 원의 이

구 분	비율	예상(Min.)	예상(Target)	예상(Max.)
월 매 출	100%	24,000,000	30,000,000	36,000,000
매출이익	60%	14,400,000	18,000,000	21,600,000
- 인건비	25%	6,000,000	7,500,000	9,000,000
- 판매관리비	10%	2,400,000	3,000,000	3,600,000
- 월 세	5%	1,500,000	1,500,000	1,500,000
영업이익	-	4,500,000	6,000,000	7,500,000

손익계산서

익을 기대할 수 있다.

점포개발자는 출점을 결정하기 위해 이러한 손익계산서를 반복해서 검토한다. 점포개발자의 머릿속에는 예상 매출과 매출이익률에 따른 매출이익, 여기에 운영비용 구조가 그려져 있으며, 월세를 대입하면 이익이 자연스럽게 계산된다. 예비창업자 역시 손익계산서를 자주 만들어 보며 숫자의 의미를 이해하고, 프랜차이즈 창업을 하면 어떤 결과가 나오는지를 감각적으로 익혀야 한다.

만약 월매출 3,000만 원을 만들기 위해 인건비 750만 원으로 운영이 불가능하다면, 가맹점주가 직접 점포에 나와 일해야 한다. 이 경우 영업이익 600만 원은 사실상 예비창업자의 인건비를 포함한 금액이 된다. 그런데 투자비용이 1억 5,000만 원을 넘어간다면, 예비창업자는 투자비 회수에 상당한 부담을 느낄 수밖에 없다. 이러한 구조라면 투자비 부담을 안고 프랜차이즈를 창업하는 것보다 차라리 아르바이트를 하는 편이 더 나을 수도 있다.

손익계산서를 읽을 수 있게 되면 막연함은 확실함으로 바뀐다. 예비창업자가 아르바이트 등을 통해 얻은 현장 경험을 손익계산서의 숫자와 연결해 읽기 시작하면, 이 사업이 돈이 되는지 아닌지를 냉정하게 판단할 수 있다. 이 과정에서 돈이 되지 않는 구조라면 프랜차이즈 창업 자체에 회의를 느낄 수도 있다. 반대로 손익계산서의 숫자를 실제로 돈이 되는 숫자로 바꿔낼 수 있다면, 예비창업자는 프랜차이즈 창업에서 성공할 가능성을 갖게 된다.

돈이 되는 손익계산서를 만들기 위해 예비창업자가 선택할 수 있는 방법은 크게 두 가지다. 하나는 예상 매출을 높이는 것이고, 다른 하나는 비용을 낮추는 것이다. 예를 들어 상당한 노력으로 예상 매출 대비 20% 높은 매출을 달성할 수 있다면, 월 600만 원이던 이익은 750만 원까지 늘어난다. 또 다른 방법으로 인건비 900만 원을 100만 원 줄이고, 월세를 50만 원 낮출 수 있다면 이익은 750만 원에서 900만 원까지 증가한다.

이처럼 손익계산서는 고정된 숫자가 아니라, 예비창업자의 선택과 노력에 따라 바뀔 수 있는 구조다. 아래 표와 같이 손익계산서를 직접 수정해 보며 여러 시나리오를 비교하는 과정이, 막연한 기대를 현실적인 판단으로 바꾸는 가장 확실한 방법이다.

돈이 될 것이라는 막연한 기대는 예비창업자가 이 사업이 실제로 돈이 되는지, 되지 않는지를 따져보는 과정을 가로막을 수 있다. 그러나 손익계산서에서 돈이 되지 않는 숫자와 마주하는 일은, 창업 이후

구 분	비율	변경 前	변경 後	비 고
월 매 출	100%	30,000,000	36,000,000	6,000,000↑
매출이익	60%	18,000,000	21,600,000	3,600,000↑
- 인건비	-	7,500,000	8,000,000	500,000↑
- 판매관리비	10%	3,000,000	3,600,000	600,000↑
- 월 세	-	1,500,000	1,000,000	500,000↓
영업이익	-	6,000,000	9,000,000	3,000,000↑

돈이 되는 손익계산서로 변경

현실에서 적자를 감당하는 것보다 훨씬 낫다. 따라서 예비창업자는 막연한 기대를 내려놓고 손익계산서를 반복해서 작성하는 습관을 가져야 한다.

그래야 예상 매출을 20% 이상 끌어올릴 수 있는지, 인건비와 월세 같은 영업비용을 현실적으로 낮출 수 있는지를 스스로 판단할 수 있다. 손익계산서상 돈이 되지 않는 구조라면 프랜차이즈 창업을 과감히 포기하는 것이 옳다. 반대로 돈이 되는 손익계산서를 만들기 위한 숫자를 예비창업자가 실제로 구현해 낼 수 있다면, 그때 비로소 프랜차이즈 창업에서 성공할 가능성이 열린다.

기준

예비창업자는 하루에 얼마를 팔 수 있는지, 프랜차이즈 브랜드의 매출이익률은 얼마인지, 영업비용의 비율은 어느 정도인지, 그리고 최종적으로 영업이익률은 얼마가 되어야 하는지를 기준으로 설정해야 한다. 예를 들어 일매출 100만 원, 매출이익률 60%, 영업비용 비율 40%, 영업이익률 20%를 하나의 기준으로 삼을 수 있다. 이러한 기준이 있어야 손익을 판단할 수 있다.

일매출 100만 원, 월매출 3,000만 원을 기록할 경우 매출이익은 1,800만 원이 된다. 여기에서 영업비용 1,200만 원을 차감하면 매월 600만 원의 이익이 남는 손익구조다. 물론 이 수치에는 투자비용 회수와 가맹점주의 인건비를 어느 정도 반영할 것인지에 대한 판단이 필요하다. 다만 일반적으로는 매출이 영업이익의 약 5배 수준이 되도록 손익구조가 설계되는 것이 하나의 기준이 된다.

프랜차이즈 브랜드라면 손익계산서에 설정된 매출이익률과 영업비용 비율이 안정적으로 관리되어야 한다. 흔히 마진이라고 부르는 매출이익률이 일정하게 유지되고, 인건비나 월세와 같은 운영비용 역시 예측 가능한 범위에서 크게 벗어나지 않아야 한다. 이는 매출이익률에 따라 달성해야 할 매출 규모 자체가 달라지기 때문이다.

예를 들어 아래 표와 같이 영업비용 비율을 35%로 고정하고, 월 영업이익을 500만 원으로 설정한 뒤 매출이익률을 각각 60%, 50%, 40%로 가정해 보자. 이 경우 필요한 월매출은 각각 약 2,000만 원, 3,333만 원, 1억 원으로 달라진다. 동일하게 500만 원의 이익을 내기 위해 같은 비율의 영업비용을 부담하더라도, 매출이익률 60% 대비 50%는 약 1.6배, 60% 대비 40%는 무려 5배의 매출 차이가 발생

구분	A브랜드	B브랜드	C브랜드
매출이익률	60%	50%	40%
- 영업비용 비율		35%	
영업이익률	25%	15%	5%
영업이익		500만원	
매출	2,000만원	3,333만원	10,000만원

매출이익률과 매출

한다.

프랜차이즈 브랜드의 객단가가 동일하다고 가정하면, 매출이익률 40%는 60%에 비해 5배의 객수를 확보해야 한다는 의미가 된다. 업종과 취급 품목이 다르기 때문에 매출이익률의 차이가 발생하는 것이지만, 매출이익률이 낮을수록 매출을 만들어내는 부담이 급격히 커진다는 점은 분명하다.

따라서 동일 업종 내에서 매출이익률이 높은 프랜차이즈 브랜드일수록 사업성이 높다고 평가할 수 있다. 예비창업자는 브랜드를 선택할 때 매출 규모만 볼 것이 아니라 매출이익률을 반드시 비교해야 한다. 사업성 있는 프랜차이즈 브랜드로 창업하기 위해서는 예상 매출, 매출이익률, 영업비용, 이익의 의미를 정확히 이해하고, 손익계산서를 수시로 작성하며 구조를 개선해 나가는 노력이 필요하다.

24개월 이내 시설투자비를 회수해야

사업성분석

대부분의 프랜차이즈 브랜드 중 직영점을 운영하는 회사들은 점포 출점을 결코 서두르지 않는다. 면밀한 사업성 분석을 거친 뒤 기존 매장에 미치는 영향까지 고려해 점포개발 전략을 수립한다. 상권의 변화를 지속적으로 점검하고 필요할 경우 입지를 재조정하는 등, 점포 출점에는 상당히 까다로운 절차가 따른다.

이 과정에서는 사업성과 운영뿐만 아니라 임대차계약상의 분쟁 가능성, 채권 확보 여부 등에 이르기까지 투자심의라는 절차를 거쳐 출점 여부를 결정한다. 점포를 전문적으로 개발하는 점포개발팀, 점포 운영을 담당하는 영업팀, 법적 리스크를 검토하는 법무팀, 투자비 검토와 자금 집행을 담당하는 재무팀, 시설 공사를 담당하는 인테리어 팀 등 여러 조직의 의견이 모여 집단지성으로 의사결정이 이루어진다.

반면 예비창업자는 이러한 조직을 갖추고 있지 않다. 가맹점을 중심으로 운영되는 프랜차이즈 브랜드 역시 직영점 수준의 내부 검토 체계를 갖추지 못한 경우가 많다. 예비창업자가 직영점을 운영하는 기업과 동일한 수준으로 사업성을 검토하기는 어렵더라도, 최소한 투자심의와 유사한 절차를 스스로 만들어 거쳐야 한다.

실제로 성공한 예비창업자들은 신뢰할 만한 지인이나 전문가로부터 다양한 의견을 듣고 컨설팅을 받은 뒤 프랜차이즈 창업을 결정하는 경우가 많다. 예비창업자는 스스로 확신을 강화시키며 불리한 정보를 외면하는 자기확신 편향에 빠지는 것을 경계해야 한다. 그러므로 투자심의와 같은 형식을 갖춘 자체 의사결정 절차를 마련하는 것이 필요하다.

투자심의 절차를 거치면 예비창업자는 다양한 위험 요소를 사전에 인지할 수 있고, 의사결정의 기준 또한 명확해진다. 이러한 투자심의에서 가장 치열하게 논의되는 핵심은 사업성 분석이다. 사업성이 없다면 투자심의 자체가 성립되지 않는다. 따라서 예비창업자는 사업성을 분석하는 방법을 정확히 이해할 필요가 있다.

사업성 분석의 첫걸음은 매출을 예상하는 일이다. 그러나 현실적으로 매출을 정확히 예측하는 것은 거의 불가능에 가깝다. 매출에 영향을 미치는 변수가 너무 많기 때문이다. 따라서 최소(Min), 목표

(Target), 최대(Max) 매출의 세 가지 시나리오를 설정해 손익을 계산하는 방식이 필요하며, 이때 프랜차이즈 브랜드의 평균 매출을 기준으로 삼는다.

다음으로 살펴봐야 할 것은 매출 대비 이익률, 즉 매출이익률이다. 매출이익률이 높을수록 상대적으로 적은 매출로도 수익을 확보할 수 있고, 높은 비용 구조도 감당할 수 있다고 판단할 수 있다. 프랜차이즈 본사는 매출이익률이 높은 점포를 중심으로 설명하는 경우가 많고, 때로는 제품 로스와 같은 요소가 매출이익률 계산에서 제외되기도 한다. 따라서 예비창업자는 점포개발자의 설명보다 보수적으로 매출이익률을 판단해야 한다.

매출이익률이 1%만 낮아지더라도 매출의 1%가 영업이익률에서 사라진다. 예를 들어 영업이익률이 10%인 가맹점에서 매출이익률이 1% 하락하면, 이익의 10%가 줄어드는 셈이 되어 그 영향은 매우 크다. 매출이익률로 계산한 매출이익에서 운영비용을 차감하면 영업이익이 산출된다.

운영비용은 매출에 따라 변동되는 변동비용과 매출과 관계없이 발생하는 고정비용으로 구분된다. 변동비용에는 인건비, 수도광열비, 부가가치세 등이 포함되며, 고정비용의 대표적인 항목은 월세다. 비용 항목은 성격에 따라 구분해 누락 없이 반영하는 것이 중요하다.

영업이익에서 종종 간과되는 부분이 예비창업자의 투자비용이다. 투자비용 중 회수가 어려운 매몰비용은 감가상각의 형태로 영업이익에 반영해야 한다. 감가상각을 적용한 이후의 영업이익이 실질적으로 예비창업자에게 남는 이익이다. 결국 투자심의에서 사업성이 있다고 판단되기 위한 최소 조건은 감가상각 후 영업이익이 0보다 크다는 점이다.

감가상각의 기준 기간은 업종의 특성, 상권의 안정성, 브랜드 경쟁력 등에 따라 달라질 수 있으나 일반적으로는 24개월을 기준으로 가감한다. 트렌드 변화가 빠르고 경쟁이 치열한 프랜차이즈 업종은 24개월보다 짧게 설정하고, 생활밀착형이거나 시장에서 확고한 1위 브랜드의 경우에는 24개월보다 길게 설정하기도 한다.

사업성 분석이 완료되면 프랜차이즈 창업에 대한 의사결정을 할 수 있다. 예상 매출의 정확도를 높이기 위해서는 지속적인 노력이 필요하지만, 대부분의 정보는 어느 정도까지는 구체화가 가능하다. 확인 가능한 정보는 동일 업종이나 동일 브랜드를 운영 중인 가맹점주를 직접 인터뷰하거나, 정보공개서, 인터넷 자료 등 다양한 경로를 통해 교차 검증한다.

사업성 분석 이후에는 투자심의 절차를 실제로 적용해 보는 것이 바람직하다. 먼저 프랜차이즈 관련 종사자에게 설명하며 의견을 구하고, 그다음 가족에게 의사결정을 요청하는 방식을 권한다. 예비창업자와 함께 미래를 공유할 이들의 의견을 듣고 집단지성을 통해 결론을 내린다면, 프랜차이즈 창업에서 좋은 성과를 얻을 가능성은 한층 높아질 것이다.

투자비용을 줄이고 줄여서 24개월 이내로

투자비용은 목표 이익을 설정하는 기준이 된다. 투자한 비용을 얼마나 빠르게 회수할 수 있는지가 프랜차이즈 창업의 성공을 가늠하는 중요한 척도다. 투자비용을 빠르게 회수할 수 있다는 것은 그만큼 이익 구조가 탄탄하다는 의미이기도 하다. 그렇다면 '빠르게 회수한다'는 기준은 무엇인지에 대해 예비창업자의 명확한 설정이 필요하다.

프랜차이즈 브랜드가 영원히 지속되는 경우는 거의 없다고 봐도 무방하다. 신생 프랜차이즈가 3년 이상 유지되지 못하는 사례는 흔하며, 대부분의 프랜차이즈 본사 역시 10년 이상 브랜드를 안정적으로 유지하지 못한다. 따라서 예비창업자는 프랜차이즈 본사의 장기 존속 가능성을 막연히 기대하기보다, 본사의 지속성과는 별개로 투자비용 회수 기간을 스스로 정해야 한다.

일반적으로 투자비용 회수 기간의 기준은 24개월로 설정한다. 대한민국의 프랜차이즈 시장은 변화 속도가 매우 빠르고, 하나의 브랜드가 2년 이상 트렌드를 주도하기는 쉽지 않기 때문이다. 따라서 24개월을 기준으로 설정하고, 24개월 동안의 누적 영업이익이 투자비용을 상회할 수 있는지를 중심으로 사업성을 검토한다.

투자비용을 일정 부분 회수하게 되면 예비창업자는 프랜차이즈 브랜드 운영에 대한 심리적 안정감을 얻게 된다. 동시에 추가적인 프랜차이즈 창업이나 새로운 사업 기회를 모색할 여지도 생긴다. 필요하다면 안정적인 운영 실적을 바탕으로 점포를 매각해 권리금을 확보할 수도 있다. 즉, 투자비용을 빠르게 회수한다는 것은 단순한 수익 확보를 넘어 사업 확장의 기회를 갖는다는 의미이기도 하다.

물론 투자비용 회수는 빠를수록 좋다. 만약 12개월 이내에 투자비용을 회수할 수 있다면, 이는 예비창업자가 프랜차이즈 창업에서 매우 성공적인 결과를 거둔 사례라고 볼 수 있다. 다만 예비창업자의 자금 상황과 리스크 감내 수준은 각기 다르므로 일률적인 기준을 적용할 수는 없다. 현실적인 기준으로 24개월을 설정하고, 상황에 따라 이를 보정하는 접근이 필요하다.

투자비용의 회수 기간을 명확히 설정하면 목표 이익 또한 분명해진다. 목표 이익을 달성할 수 없다면 투자비용 자체를 조정해야 하고, 목표 이익에 맞추어 운영비용을 통제하게 되므로 비용 관리의 기준도 자연스럽게 마련된다. 이 때문에 투자비용 회수 기간을 분명히 정하는 것은 예비창업자에게 매우 중요한 출발점이 된다.

결국 예비창업자는 예상 매출과 프랜차이즈 브랜드의 손익구조를 기준으로, 24개월 이내에 투자비용 회수가 가능한 브랜드를 선택해야 한다. 예상 매출로 목표 이익을 달성하기 어렵다면, 프랜차이즈 본사와 투자비용을 낮추기 위한 협상을 시도해야 한다. 예비창업자는 자신이 설정한 기준에 부합하는 조건을 스스로 충족시킬 수 있을 때 비로소 프랜차이즈 창업에 나설 준비가 되었다고 할 수 있다.

협상

정확하게 사업성을 검토하고 비용을 꼼꼼히 관리하는 예비창업자는 자신이 설정한 기준을 충족시키기 위해 투자비용을 적극적으로 협상한다. 프랜차이즈 본사와 협의해 가맹비를 감면받거나 일부 비용을 지원받을 수 있고, 필요하다면 중고 장비를 활용해 초기 투자비를 낮춘다. 더 나아가 점포가 장기간 공실 상태였다면, 임대인에게 인테리어 비용이나 설비 비용 일부에 대한 지원을 요청하는 것도 하나의 방법이 된다.

예를 들어 전용면적 15평, 보증금 3,000만 원, 월세 150만 원인 점포에서 '걸작떡볶이' 배달 전문점 프랜차이즈의 사업성을 검토했다고 가정해 보자. 목표 예상 매출(Target)은 월 3,000만 원이고, 초기 투자비용은 6,300만 원이다. 이 조건으로 손익계산서를 작성하면 월 영업이익은 약 150만 원 수준에 그치며, 투자비용 회수 기간은 약 42개월로 계산된다.

(단위: 원)

구분		비율	예상매출 (Min.)	예상매출 (Target)	예상매출 (Max.)
매출		100%	24,000,000	30,000,000	36,000,000
매출이익		60%	14,400,000	18,000,000	21,600,000
영업비용	배달비	25%	4,800,000	6,000,000	7,200,000
	인건비	5%	4,800,000	6,000,000	7,200,000

영업비용	기 타	5%	2,400,000	3,000,000	3,600,000
	월 세		1,500,000	1,500,000	1,500,000
영업이익			900,000	1,500,000	2,100,000
투자비용			63,000,000		
투자비회수			70개월	42개월	30개월

예상매출에 따른 손익계산서

3년이라는 투자비용 회수 기간은 지나치게 길다. 떡볶이와 치킨 업종은 경쟁이 매우 치열해 프랜차이즈 본사의 지속 가능성에 대한 불안이 크다. 더욱이 목표했던 예상 매출보다 20% 감소해 월매출이 2,400만 원에 그칠 경우, 투자비용 회수에는 무려 70개월이 소요된다. 매출이 기대에 미치지 못한다는 것은 경쟁력이 떨어진다는 의미이므로, 프랜차이즈 본사가 70개월을 버티기 어렵다고 판단하는 것이 합리적이다.

반대로 예상 매출이 20% 상회해 월매출이 3,600만 원이 된다면 투자비용 회수 기간은 30개월로 단축된다. 그러나 이 역시 예비창업자가 설정한 회수 기준인 24개월을 6개월 초과하는 수치다. 아직은 예비창업자의 기준을 충족하지 못한다. 프랜차이즈 창업에 대한 의지가 강하더라도, 이 단계에서는 창업을 결정해서는 안 되며 기준을 맞추기 위한 추가 협상이 필요하다.

해당 사례에서 투자비용은 가맹비 1,000만 원과 시설비 5,300만 원으로 구성되어 있다. 시설비는 집기 2,000만 원, 인테리어 2,800만

원, 간판 500만 원이다. 예비창업자는 이 투자비용 구조를 바탕으로 세 가지 협상 논리를 준비한다. 첫째, 해당 점포는 장기간 공실 상태였고 프랜차이즈 본사가 출점을 희망하는 상권이라는 점이다. 둘째, 프랜차이즈 창업 비수기로 예비창업자 유치를 둘러싼 경쟁이 치열하다는 점이다. 셋째, 기존 집기와 인테리어 상태가 비교적 양호하다는 점이다.

이를 위해 예비창업자는 충분한 사전 정보를 수집하고 협상에 임한다. 상권 조사를 통해 해당 지역이 본사에서 적극적으로 출점을 검토하는 곳임을 확인한다. 프랜차이즈 박람회와 자료 조사를 통해 다수의 배달 전문 프랜차이즈 브랜드가 가맹비를 면제하거나 감면하고 있음을 파악한다. 또한 현장을 직접 확인해 집기, 인테리어, 간판 등이 재사용 가능한 상태임을 검증한다.

협상 결과 프랜차이즈 본사로부터 가맹비 1,000만 원을 면제받을 수 있다면, 투자비용은 5,300만 원으로 줄어든다. 여기에 일부 집기와 인테리어, 간판을 재사용해 500만 원을 추가로 절감하면 총 투자비용은 4,800만 원이 된다. 이 경우 예상 매출(Target) 기준으로 투자비용 회수 기간은 약 32개월로 단축된다. 그러나 여전히 예비창업자가 설정한 기준인 24개월에는 8개월이 부족해, 추가적인 조건 개선이 필요한 상태다.

이제 임대인과의 협상을 통해 투자비용을 추가로 줄인다. 장기간 공실 상태인 상가이고 여전히 수요가 많지 않다면, 임대인에게 계속 비워두느니 시설투자비용을 평당 100만 원씩 지원하는 임대차계약

구분		비율	예상매출 (Min.)	예상매출 (Target)	예상매출 (Max.)
매출		100%	24,000,000	30,000,000	36,000,000
매출이익		60%	14,400,000	18,000,000	21,600,000
영업비용	배달비	25%	4,800,000	6,000,000	7,200,000
	인건비	5%	4,800,000	6,000,000	7,200,000
	기 타	5%	2,400,000	3,000,000	3,600,000
	월 세		1,500,000	1,500,000	1,500,000
영업이익			900,000	1,500,000	2,100,000
투자(6,300만원)			70개월	42개월	30개월
투자(5,300만원)	본사		59개월	35개월	25개월
투자(4,800만원)	재사용		53개월	3개월	23개월
투자(3,300만원)	임대인		47개월	22개월	16개월

예상매출과 투자비에 따른 회수기간

을 제안할 수 있다. 이미 분양을 받은 개인 임대인이라면 협상이 쉽지 않겠지만, 시행사라면 분양을 위해 충분히 고려해 볼 수 있는 조건이다.

시행사 입장에서도 상가를 계속 보유하며 부담을 안고 가기보다는, 일정 수준의 시설투자비를 지원해 점포를 활성화하고 분양이나 임대를 성사시키는 편이 더 합리적일 수 있다. 임대인으로부터 평당 100만 원씩, 15평 기준 총 1,500만 원의 시설투자비를 지원받는다고 가정해 보자. 이 경우 총 투자비용은 3,300만 원으로 줄어들고, 투자비 회수 기간은 22개월로 단축된다. 이로써 예비창업자는 스스로 설정한 프랜차이즈 창업 가이드라인에 도달하게 된다.

예비창업자가 원칙을 지키고 기준에 따라 의사결정을 한다면, 프랜차이즈 창업의 성공에 한층 가까워진다. 협상 과정이 민망하고 부담스럽게 느껴질 수 있지만, 예비창업자가 지속적으로 사업을 영위하는 것은 프랜차이즈 본사와 임대인 모두에게도 중요한 일이다. 결국 세 주체는 하나의 배를 함께 타는 파트너가 되는 셈이다. 그렇기 때문에 예비창업자는 본사와 임대인을 위해서라도 적극적으로 협상에 임할 필요가 있다.

다만 협상에 임하는 태도가 무례하거나 막무가내여서는 안 된다. 예비창업자가 분명한 의지를 가지고 충분한 준비와 노력을 기울였음을 보여준다면, 프랜차이즈 본사와 임대인과의 협상에서 의미 있는 성과를 얻을 가능성은 높아진다. 그러므로 예비창업자는 요청하는 것 자체를 두려워할 필요가 없다. 어차피 협상이 받아들여지지 않는다면, 해당 프랜차이즈 창업을 진행하지 않으면 그만이다.

'우는 아이 떡 하나 더 준다'는 말처럼, 예비창업자가 요청하지 않으면 프랜차이즈 본사도 임대인도 굳이 지원할 이유가 없다. 주저하지 말고 부딪히는 것이 필요하다. 예비창업자가 용기를 내어 요청하고, 긍정적인 피드백을 얻어 실제 성과로 연결시킨다면 프랜차이즈 창업의 성공 가능성은 분명히 높아질 것이다.

2가지 예상매출을 산정하는 기술

예비창업자가 손익계산서를 작성할 때 가장 주의해야 할 점은 예상 매출을 얼마나 정확하게 산정하느냐다. 손익계산서는 '얼마를 파는 가'라는 매출에서 출발하므로, 예상 매출이 틀리면 이후의 모든 손익 계산은 의미를 잃는다. 예상 매출을 정확히 산정하지 못하면 손익계 산서는 실제 운영과는 동떨어진 숫자의 나열에 그치게 된다.

따라서 예비창업자는 예상 매출을 산정할 때 감이나 기대가 아니라, 가능한 한 과학적인 방법으로 접근해야 한다. 근거 없이 설정한 매출은 사업성을 판단하는 데 아무런 도움이 되지 않는다. 이에 예비 창업자가 근거를 가지고 매출을 예상할 수 있는 두 가지 기술을 소개한다. 첫째는 유동인구를 기준으로 예상 매출을 산정하는 방법이고, 둘째는 시장 점유율을 기준으로 예상 매출을 산정하는 방법이다.

이 두 가지 방법은 실제 출점을 고려하는 대상지를 기준으로 매출을 추정하는 데 활용할 수 있다. 막연한 기대를 숫자로 바꾸고, 그 숫자가 현실과 얼마나 가까운지를 검증하는 과정이 바로 사업성 분석의 출발점이다. 이제 실제 사례를 통해 이 두 가지 기술을 적용해 매출을 예상하는 방법을 살펴본다.

유동인구로 매출을 예상

연신내역 배스킨라빈스 매장의 매출을 유동인구를 기준으로 예상해보았다. 배스킨라빈스의 매출은 점포를 직접 방문하는 고객과 배달을 통한 매출, 두 가지로 구분할 수 있다. 먼저 점포를 방문하는 고객 수를 산정한 뒤 객단가를 곱해 점포에서 발생하는 매출을 계산한다. 이후 점포 매출 대비 배달 매출의 비율을 설정해 전체 매출을 추정한다.

유동인구는 곧 점포 앞을 지나가는 사람의 수다. 연신내역 배스킨라빈스 앞을 지나가는 사람의 수를 직접 세는 것에서 분석은 시작된다. 토요일 오후 4시경, 연신내역 배스킨라빈스 앞을 이동하는 사람의 수를 일정 시간 동안 직접 계측한다. 이는 유동량을 측정하는 과정으로, 계수기를 사용해 유동량 조사 양식에 기록하며 진행한다.

이는 점포개발자들이 상권 조사를 위해 흔히 수행하는 업무다. 경우에 따라서는 아르바이트 인력을 활용해 동일 시간대에 경쟁 브랜드나 유사 상권에 위치한 프랜차이즈 점포의 유동량을 함께 측정하

배스킨라빈스 연신내역점

고 비교하기도 한다. 실제 조사 결과, 10분 동안 점포 앞을 지나간 사람은 328명이었고, 이 중 점포로 들어온 사람은 6명이었다.

지나가는 사람 가운데 약 1.5%가 점포를 방문한다고 가정하면 방문 고객은 약 30명이다. 이 중 절반이 실제 구매로 이어진다고 보면 객수는 15명으로 추정할 수 있다. 하루 12시간을 영업한다고 가정할 경우, 일객수는 시간당 15명에 12시간을 곱한 180명이 된다.

구분	예상매출 (Min)	예상매출 (Target)	예상매출 (Max)	비고
유동인구(10분)	-	328명	-	토요일 16시경
유동인구(1시간)	-	1,968명	-	유동인구(10분)*6
방문객수	-	30명	-	유동인구*1.5%
객수(1시간)	12명	15명	18명	방문객/2
객수(1일)	144명	180명	216명	객수*12시간
일매출	144만원	180만원	216만원	객단가 10,000원
월매출(점포)	4,320만원	5,400만원	6,480만원	점포 70%
월매출(배달)	1,920만원	2,400만원	2,880만원	배달 30%
월매출	6,240만원	7,800만원	9,360만원	매장+배달

예상매출 Min, Target, Max에 따른 객수와 매출

객단가를 1만 원으로 설정하면 일매출은 180만 원(180명 × 1만 원)이 된다. 이를 한 달 30일 기준으로 환산하면 월매출은 5,400만 원(180만 원 × 30일)이다. 이와 같은 방식으로 유동인구를 기반으로 한 예상 매출을 산정할 수 있으며, 계산 결과는 아래 표와 같다.

방문매출과 배달매출의 비율을 7대 3으로 가정하면, 방문매출이 5,400만 원일 때 배달매출은 2,400만 원이 된다. 방문매출과 배달매출을 합산한 예상 매출은 총 7,800만 원이다. 이를 기준으로 예상매출Target을 8,400만 원으로 설정하면, 예상매출Min은 Target 대비 20% 낮은 6,240만 원, 예상매출Max은 Target 대비 20% 높은 9,360만 원으로 설정할 수 있다.

프랜차이즈 브랜드의 매출은 유동인구와 그중 실제로 점포를 방문하는 객수에 의해 결정된다. 유동량이 많은 것 자체도 중요하지만, 유동량이 많더라도 고객이 점포로 들어오지 않으면 매출로 이어지지 않는다. 지나가는 사람을 점포로 끌어들이는 힘이 클수록 경쟁력 있는 브랜드이며, 이 힘이 객수를 늘리고 매출을 키운다.

유동인구 중 실제로 점포를 방문하는 비율을 캡처율capture rate이라고 한다. 프랜차이즈 브랜드에 따라 일반적으로 1~2% 수준을 적용하며, 이는 점포 앞을 지나가는 사람 가운데 실제로 점포로 들어오는 비율을 의미한다. 캡처율에 따라 객수는 크게 달라지며, 프랜차이즈 브랜드의 인지도와 경쟁력에 따라 그 수치가 결정된다. 일반적으로 1.0%를 기준으로 볼 때, 이보다 낮다면 브랜드의 집객력이 약하다고 평가할 수 있다.

지나가는 사람 100명 중 1명 이상을 점포로 유입시키는 것은 결코 쉬운 일이 아니다. 생활밀착형 업종에서 1등 프랜차이즈 브랜드만이 1% 이상의 캡처율을 안정적으로 보여준다. 예비창업자는 유동인구를 직접 계수하고, 그중 점포로 유입되는 고객 수를 함께 세는 습관을 가져야 한다. 유동인구를 측정하는 방법은 매출을 예상하는데 있어 가장 기본적이면서도 가장 정확한 접근법이다.

시장 점유율로 매출을 예상

시장 점유율로 매출을 예상하는 방법은 두 단계로 이루어진다. 1단

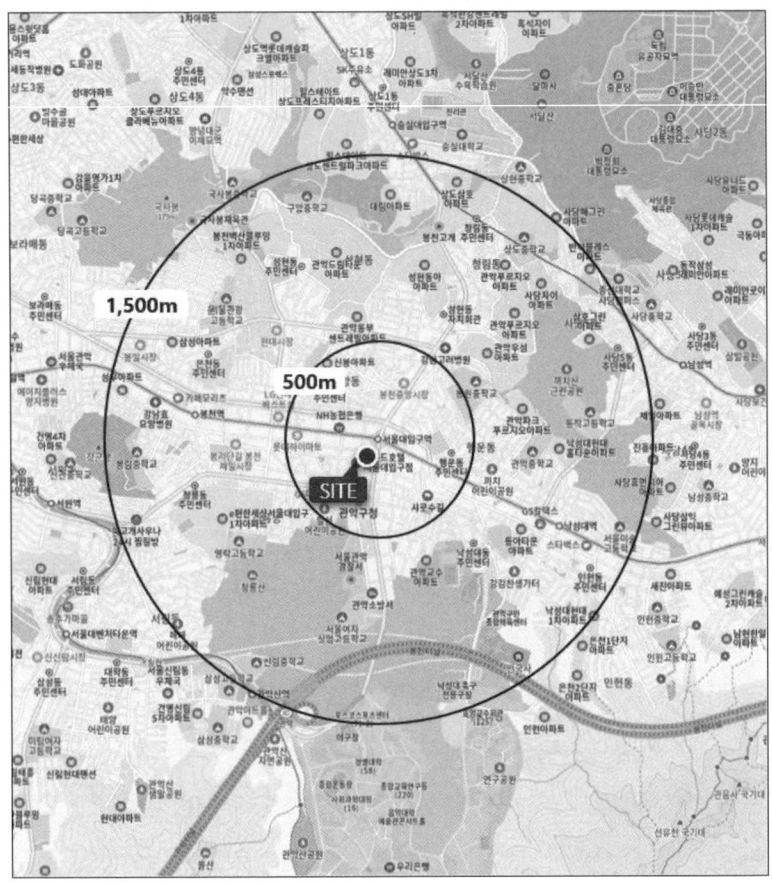

대상 SITE, 서울대입구역 위치

계에서는 검토 대상 상권 전체의 매출 규모를 추정하고, 2단계에서
는 해당 업종 내 프랜차이즈 브랜드별로 시장을 점유하는 비율을 산
정한다. 이 방식으로 서울대입구역 상권을 대상으로 패스트푸드 프
랜차이즈 브랜드의 매출을 시장 점유율 기준으로 추정해 보았다.

먼저 1단계에서는 후보지 기준으로 패스트푸드 업종 전체 매출을 예상한다. 패스트푸드 업종의 매출은 방문 매출과 배달 매출로 구분된다. 방문 매출은 반경 500m의 1차 상권 내 주거인구와 직장인구 가운데 점포를 실제로 방문하는 비율을 적용해 객수를 추정하고, 여기에 객단가를 곱해 산정한다.

다음으로 배달 매출은 반경 1,500m의 2차 상권 내 주거인구와 직장인구 중 배달로 주문하는 비율을 적용해 객수를 추정한 뒤 객단가를 곱해 계산한다. 소상공인 빅데이터 365 자료에 따르면 2025년 기준 반경 500m의 주거·직장 인구는 총 51,313명(주거 30,124명, 직장 21,189명)이다. 반경 1,500m의 2차 상권 인구는 총 344,408명(주거 217,575명, 직장 126,833명)이다.

패스트푸드 프랜차이즈 시장을 점유하고 있는 주요 브랜드 상위 5개는 맥도날드, 버거킹, 롯데리아, KFC, 맘스터치다. 「월간식당」 자료에 따르면 2024년 기준 각 브랜드의 연 매출은 맥도날드 1조 4,090억 원, 버거킹 7,927억 원, 롯데리아 9,954억 원, 맘스터치 4,178억 원, KFC 2,923억 원으로, 전체 시장 규모는 약 4조 1,207억 원이다.

이 수치를 2024년 대한민국 인구 약 5,168만 명으로 나누면, 1인당 연간 패스트푸드 소비 금액은 약 79,728원으로 계산된다. 이를 월 기준으로 환산하면 1인당 월 약 6,644원을 패스트푸드에 소비하는 셈이다. 이 평균 소비 금액을 객단가로 활용해, 추정된 객수와 곱함으로써 월매출을 산정한다.

이 기준을 적용하면 1차 상권 반경 500m에서 발생하는 방문 월매출은 약 3억 4천만 원 수준으로 추정된다. 또한 2차 상권 반경 1,500m 전체를 기준으로 한 월매출 규모는 약 22억 원 수준으로 계산된다. 시장 점유율 방식은 개별 점포의 유동만이 아니라 상권 전체의 소비 규모를 먼저 파악한 뒤, 브랜드 경쟁력을 통해 현실적인 매출 범위를 설정하는 데 유용한 방법이다.

구분	1차상권(500m)	2차상권(1500m)
배후인구	44,750명	344,408명
객단가	6,644원	6,644원
월매출	340,923,000원	2,288,242,910원
월매출(1차상권제외)	-	1,947,319,910원

1단계, 2단계 월매출

2단계에서는 프랜차이즈 브랜드별로 시장을 점유하는 비율을 조사한 뒤, 창업을 검토하는 프랜차이즈 브랜드의 매출을 예상한다. 1단계에서 산정한 상권 전체의 매출 규모를 프랜차이즈 브랜드별 시장 점유율에 따라 분배하는 방식이다. 이를 통해 특정 브랜드가 해당 상권에서 차지할 수 있는 현실적인 매출 범위를 가늠할 수 있다.

패스트푸드 프랜차이즈 시장에서 버거킹의 점유율을 기준값 100으로 설정하고, 전체 시장 규모 대비 각 브랜드의 상대적 점유율을 적용하면 다음과 같은 비율이 도출된다. 맥도날드는 178, 롯데리아는 126, 버거킹은 100, 맘스터치는 53, KFC는 37이다. 이 점유율을 기준으로 상권 전체 매출을 나누어 적용하면, 창업을 검토하는 프랜차이즈 브랜드의 예상 매출 수준을 보다 객관적으로 추정할 수 있다.

맥도날드	롯데리아	버거킹	맘스터치	KFC
178	126	100	53	37

패스트푸드 프랜차이즈 브랜드별 점유비율

1차 상권에는 총 4개의 패스트푸드 프랜차이즈 브랜드 점포가 운영 중이며, 예비창업자는 버거킹을 출점할 예정이다. 현재 상권 내 점포 구성은 롯데리아 2개, 버거킹 1개, KFC 1개, 맘스터치 1개다. 이로 인해 1차 상권의 매출을 점유하고 있는 브랜드 비율은 맥도날드 0, 롯데리아 252, 버거킹 100, 맘스터치 53, KFC 37로 산정된다.

이 비율을 모두 합산하면 총 점유율은 442가 된다. 이를 기준으로 1차 상권 전체 매출을 브랜드별 점유율에 따라 나누어 적용하면, 예비창업자가 출점하려는 버거킹의 예상 매출 수준을 보다 구체적으로 추정할 수 있다. 관련 계산 결과는 아래 표와 같다.

구 분	맥도날드	롯데리아	버거킹	맘스터치	KFC
점유율	178	126	100	53	37
개 수	0	2	1	1	1
브랜드별	0	252	100	53	37
합 계	442				

1차상권 패스트푸드 프랜차이즈 브랜드별 점유비율

2차 상권에는 총 9개의 패스트푸드 프랜차이즈 브랜드 점포가 운영 중이며, 예비창업자는 이 상권에 버거킹을 출점할 예정이다. 현재 점포 구성은 롯데리아 3개, 버거킹 1개, 맘스터치 3개, KFC 2개다. 이 구성을 바탕으로 2차 상권의 매출 점유 비율을 산정하면 맥도날드 0, 롯데리아 378, 버거킹 100, 맘스터치 159, KFC 74가 된다.

이 비율을 모두 합산하면 총 점유율은 570이다. 이를 기준으로 2차 상권 전체 매출을 브랜드별 점유율에 따라 배분하면, 예비창업자가 출점하려는 버거킹의 예상 매출을 보다 현실적으로 추정할 수 있다. 한편 2차 상권에서 발생하는 배달 매출은 방문 매출 빈도의 25%를 적용해 산정하며, 방문 중심의 1차 상권과 구분해 계산한다. 이러한 방식으로 1·2차 상권을 나누어 분석하면 시장 점유율 기반의 매출 추정이 보다 정교해진다.

구 분	맥도날드	롯데리아	버거킹	맘스터치	KFC
점유율	178	126	100	53	37
개 수	0	3	1	3	2
브랜드별	0	378	100	159	74
합 계	711				

2차상권 패스트푸드 프랜차이즈 브랜드별 점유비율

1차 상권에서 예상되는 방문 매출은 브랜드별 점유율을 적용해 산정한다. 1차 상권의 전체 방문 매출 약 3억 4천만 원에 버거킹의 점유율 100을 적용하고, 총 점유율 442로 나누면 방문 매출은 약

7,700만 원(3.4억 원 × 100 ÷ 442)으로 추정된다. 이는 1차 상권에서 버거킹이 확보할 수 있는 현실적인 방문 매출 수준이다.

2차 상권에서 예상되는 배달 매출 역시 브랜드별 점유율을 기준으로 계산한다. 2차 상권 전체 매출 중 배달 매출을 방문 매출의 25%로 보고 약 19억 5천만 원을 기준으로 설정한 뒤, 버거킹의 점유율 100을 적용하고 총 점유율 570으로 나눈 후 다시 4로 나누면 배달 매출은 약 6,900만 원으로 추정된다. 이는 2차 상권에서 발생하는 배달 매출 중 버거킹이 점유할 수 있는 금액이다.

이렇게 1차 상권과 2차 상권의 점유율을 각각 적용해 산정한 예상 월매출은 약 1억 4,600만 원 수준이다. 이를 일 기준으로 환산하면 일매출은 약 487만 원이 된다. 이때 1차 상권의 매출 점유율은 약 22.7%, 2차 상권의 매출 점유율은 약 3.5%로 나타난다.

예상 매출을 객수와 객단가로 다시 나누어 계산하면, 월객수와 일객수도 추정할 수 있다. 1차 상권의 월객수는 약 11,643명으로 일객수는 약 388명이며, 2차 상권의 월객수는 약 10,341명으로 일객수는 약 345명이다. 이러한 방식으로 시장 점유율과 객수 구조를 함께 분석하면, 예상 매출의 현실성을 보다 정밀하게 검증할 수 있다.

구 분	1차상권(방문매출)	2차상권(배달매출)의 25%
배후인구	51,313명	86,102명
점유율	22.7%(100/442)	3.5%(100/711/4)
객단가	6,644원	6,644원

월객수	11,643명	10,341명
일객수	388명	345명
월매출	77,355,639원	68,705,180원
합계(월매출)	146,060,819원	
일매출	2,578,521원	2,290,173원
합계(일매출)	4,868,694원	

1단계, 2단계 시장점유율에 의한 월매출과 일매출 예상

보정

예비창업자는 프랜차이즈 창업을 검토하는 점포에 대해 최소한 두 가지 이상의 방법으로 매출을 예상해 보아야 한다. 점포 앞 유동인구를 계수하고 실제 점포를 방문하는 고객 수를 측정하는 방법과, 프랜차이즈 브랜드가 속한 업종 내 시장 점유율을 기준으로 객수를 산정하는 방법이 기본이 된다. 하나의 방법에만 의존해 산출한 매출은 현실과 큰 차이를 보일 가능성이 높다.

두 가지 방법으로 매출을 추정하더라도 정확한 매출을 예측하는 일은 여전히 어렵다. 그러나 현장에서 유동량을 직접 계수하는 과정은 상권과 입지에 대한 감각을 키워 주고, 시장 점유율을 분석하는 과정은 프랜차이즈 브랜드가 속한 업종의 시장 규모와 경쟁력을 이해하게 만든다. 이러한 과정을 반복할수록 예비창업자의 매출 예측 역량은 점차 축적되고, 보다 현실에 가까운 매출을 가정할 수 있게

된다. 그 결과 사업성 분석 역시 한층 정교해진다.

앞서 제시한 유동인구 기반 분석과 시장 점유율 기반 분석 외에도, 매출 예측의 정확도를 높일 수 있는 방법은 다양하다. 예를 들어 동일한 프랜차이즈 브랜드 중에서도 유사한 상권과 입지에 위치한 점포들의 실제 매출을 비교·분석하는 방식이 있다. 이는 숫자만으로는 파악하기 어려운 현장의 차이를 보완해 준다.

상권과 배후 인구의 특성, 브랜드별 매출에 큰 영향을 미치는 요소들을 항목별로 정리해 유사점과 차이점을 비교하는 것도 유용하다. 아래 표와 같이 비교 장표를 만들어 최소 두 개 이상의 점포를 함께 분석하면, 단일 사례에 의존하는 것보다 훨씬 현실적인 매출 범위를 설정할 수 있다. 이러한 비교 분석은 예비창업자가 손익계산서를 보다 신뢰할 수 있는 도구로 만드는 데 중요한 역할을 한다.

구분	대상지	비교점포1	비교점포2
월매출(만원)			
주거인구(반경500m)			
직장인구(반경500m)			
유동인구			
경쟁점			

비교점 분석

좀 더 정확한 매출을 예상하기 위해 예비창업자는 최소 두 가지 이상의 방법으로 매출을 산정하고, 매출에 영향을 미치는 입지 요소를 평가해 이를 보정해야 한다. 가시성, 유동량, 접근성, 집객도라는 네 가지 입지 요인을 경쟁 브랜드나 유사 입지와 비교·평가한 뒤, 각 요소에 가중치를 부여해 매출을 조정하는 방식이다. 이러한 보정 과정을 거치면 단순 계산보다 현실에 가까운 매출을 도출할 수 있다.

정확한 매출을 예상하기 위해서는 경험과 노력이 필요하다. 따라서 프랜차이즈 창업을 검토하는 초기 단계에서는 프랜차이즈 관련 종사자들에게 적극적으로 조언을 구하는 것이 바람직하다. 다만 창업 여부를 최종적으로 결정하는 단계에 이르러서는, 예비창업자 스스로 매출을 산정하는 나름의 기준과 방법을 갖추고 있어야 한다. 그래야 타인의 설명에 의존하지 않고, 스스로 판단해 프랜차이즈 창업을 결정할 수 있다.

4부

의사 결정

Fran-Tech:
최종 의사결정의 기술

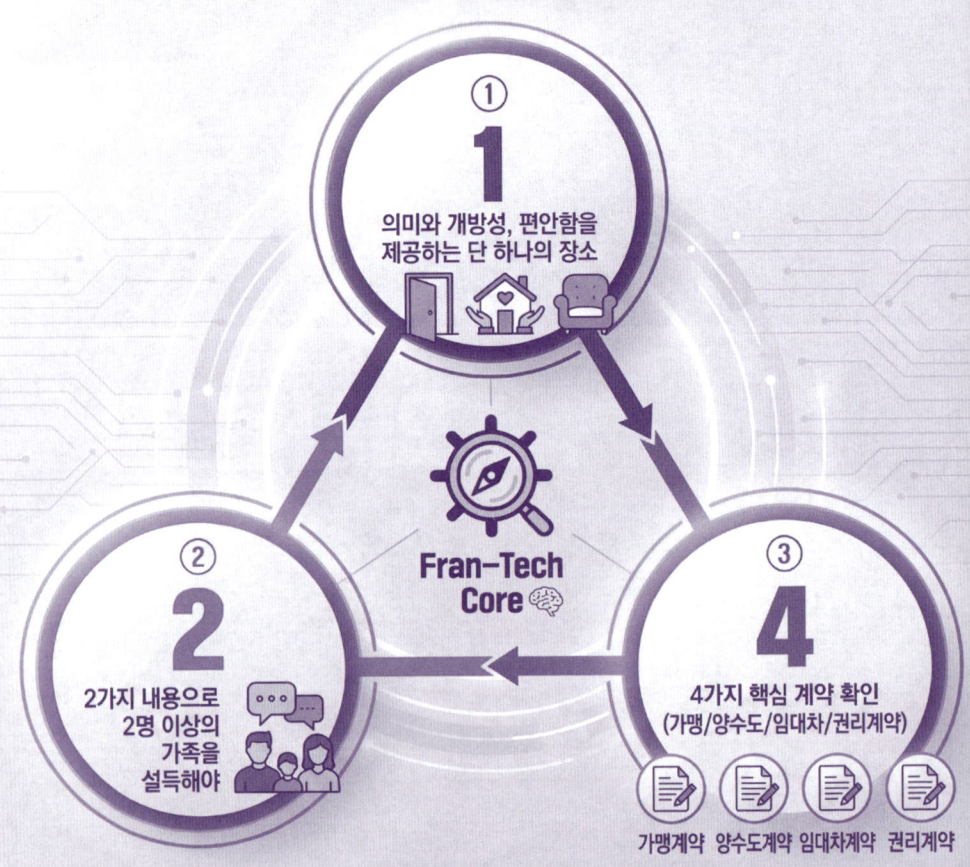

최종 의사결정의 핵심기술

단 하나의
장소

끈기와 인내로 빚어지는

사람들에게 기억되는 단 하나의 장소를 만들겠다는 의지가 프랜차이즈 창업 의사결정의 출발점이다. 단 하나의 장소를 만들기 위해 예비창업자는 무엇보다 끈기를 가져야 한다. 과정이 지난하고 더디게 느껴질지라도, 그 모든 과정이 헛되지 않을 것임을 믿고 인내하겠다는 다짐이 필요하다. 그 믿음이 예비창업자를 끝까지 버티게 만든다.

프랜차이즈 점포라고 해서 모두 같은 것은 아니다. 같은 프랜차이즈 브랜드라 하더라도 점포마다 메뉴 구성과 서비스 방식은 다르다. 흔히 말하는 '점바점'이다. 예비창업자는 다른 점포와는 다르게, 사람들에게 기억에 남는 단 하나의 점포를 만들겠다는 기준으로 의사결정을 해야 한다. 끈기와 인내로 빚어낸 점포는 결국 결실을 맺게 된다.

안드레이 타르코프스키의 영화 『희생』 속 한 장면은 이러한 태도를 잘 보여준다. 매일 물을 주면 죽은 나무에도 꽃이 핀다는 이야기다. 예비창업자에게도 사람들의 기억에 오래 남는 단 하나의 장소를 만들겠다는 일념이 필요하다. 어떤 노력도 헛되지 않을 것이라는 믿음은 예비창업자의 마음을 단단하게 해준다.

아주 오래전 한 수도원에 늙은 수도승이 살고 있었다. 그의 이름은 팜베였고, 그는 죽은 나무 한 그루를 산에 심은 뒤 제자 조안 크롭에게 이렇게 말했다. "나무가 다시 살아날 때까지 매일같이 물을 주도록 해라." 조안은 매일 이른 아침 물을 길어 산에 올라가 나무에 물을 주고, 해가 질 무렵이 되어서야 수도원으로 돌아왔다. 그렇게 3년이 흐른 어느 날, 그는 나무에 꽃이 만발한 모습을 보게 된다. 끝없이 반복되는 정확한 행동은 결국 세상을 바꾼다는 이야기다.

예비창업자는 지금까지 준비해 온 모든 요소를 다시 한 번 꼼꼼히 점검할 필요가 있다. 같은 프랜차이즈 브랜드의 점포라 하더라도, 다른 점포와는 분명히 구별되는 차별화된 점포를 만들어야 한다는 생각이 의사결정의 바탕에 깔려 있어야 한다. 그래야 프랜차이즈 창업에서도 지속적인 성공이 가능하다.

아직 프랜차이즈 본사가 충분히 안정적이지 않거나 시스템이 완전히 성숙되지 않았더라도 그것이 반드시 단점만은 아니다. 예비창업자가 차별화된 점포를 만들어낼 수 있다면, 오히려 새로운 프랜차이즈 본사로 성장할 가능성도 생긴다. 때로는 프랜차이즈 본사와 협업하며 새로운 관계를 만들어 갈 수도 있다.

프랜차이즈 창업을 하기에 완벽한 타이밍을 잡는 일은 매우 어렵다. 그러나 프랜차이즈 브랜드의 수많은 점포 중에서도 유독 사람을 끌어당기는 점포를 만들 수 있다면, 타이밍의 중요성은 상대적으로 줄어든다. 결국 중요한 것은 예비창업자가 만든 점포가 '수많은 점포 중 하나'가 아니라 '단 하나의 점포'로 인식되느냐다.

프랜차이즈 창업에 좋은 시기를 가늠하는 일은 예비창업자에게 쉽지 않다. 그렇기에 때를 따지기보다는 준비가 되었는지가 더 중요하다. 예비창업자는 막연한 기대나 충동으로 의사결정을 해서는 안 된다. '이런 점포는 다시 없을 것'이라는 확신을 가질 수 있을 때 비로소 프랜차이즈 창업에 나서야 한다.

지금까지 알차게 준비하며 쌓아온 역량을 바탕으로, 사람들에게 오래 기억되고 사랑받는 단 하나의 장소를 예비창업자가 만들어 내기를 기대한다. 단 하나의 점포를 분명히 그릴 수 있다면, 프랜차이즈 창업의 성공에 대한 의심은 결국 확신으로 바뀌게 될 것이다.

정말 좋은 장소

예비창업자가 프랜차이즈 창업을 통해 오랜 시간 지속되는 정말 좋은 장소를 만들어 낸다면, 그것만으로도 이미 성공했다고 말할 수 있다. K-프랜차이즈는 카페, 편의점, 제과점과 같은 생활밀착형 점포를 통해 사람들이 어울리고 머무는 공간을 만들어 왔다. 이러한 장소들은 일상의 삶에 작은 즐거움을 더했고, 그 결과 많은 성공한 프랜차이즈 기업이 탄생했다.

수많은 예비창업자 역시 가맹점주가 되어 생계를 유지하는 동시에, 사람들이 자연스럽게 모이고 어울릴 수 있는 좋은 장소를 제공해왔다. 콘텐츠 경쟁력을 가진 브랜드가 프랜차이즈 형태로 복제되어 다양한 상권과 입지에 자리 잡으면서, 사람들의 일상 속에 편의와 즐거움을 스며들게 했다. 프랜차이즈의 확산은 단순한 점포 수의 증가가 아니라, 생활의 질을 높이는 공간의 확산이기도 하다.

드라마 『나의 아저씨』에 등장하는 '정희네'라는 동네 술집에는 사람들이 모여 웃고 떠들며 자연스럽게 화합하는 모습이 담겨 있다. 정희네와 같은 장소가 프랜차이즈 형태로 확산되어 사람들의 일상에 스며든다면 얼마나 좋을까 하는 생각이 든다. 실제로 쪼끼쪼끼와 같은 브랜드는 한때 그런 역할을 하며 사람들의 기억 속에 자리 잡은 바 있다.

정말 좋은 장소가 많이 만들어진다는 것은 그 자체로 의미 있는 일이다. 즐거운 공간을 만들기 위한 예비창업자들의 노력이 쌓이고, 그 결과 프랜차이즈 브랜드가 확산되는 과정은 사회적으로도 긍정적인 흐름이다. 특히 프랜차이즈 본사와 예비창업자가 협력해 즐거움이 있는 장소를 함께 만들어가며 상생한다면, 그 가치는 더욱 커진다.

좋은 일이 일어나는 장소에는 사람들이 모이기 마련이다. 사람들을 끌어들이는 '정말 좋은 장소'에는 공통적인 성격이 있다고 알려져 있다. 예비창업자가 사람들의 기억에 오래 남는 단 하나의 점포를 만들고자 한다면, 아래의 성격을 참고해 볼 필요가 있다.

제3의 장소(The Great Good Place)의 핵심성격*

- ✔ 모든 개인이 원하는 대로 오고갈 수 있게 출입이 배타적이지 않을 것
- ✔ 공식적인 회원제 같은 것이 없으며, 매우 포용적이고 접근성이 높을 것
- ✔ 제3의 장소를 당연히 이용 가능하고, 고압적이지 않은 자세여야 함
- ✔ 외부에 있으면서, 근무시간에는 열려 있어야 함
- ✔ 명랑한 분위기로 특색을 갖출 것
- ✔ 심리적인 편안함과 지원을 제공할 것
- ✔ 지속적인 활동과 토론이 있는 중요한 정치적 장을 제공할 것

이러한 개념은 The Great Good Place에서 제시된 '제3의 장소' 이론에 잘 정리되어 있다. 예비창업자가 이러한 성격을 염두에 두고 점포를 설계하고 운영한다면, 프랜차이즈 창업은 단순한 생계 수단을 넘어 사람들의 삶에 의미 있는 가치를 더하는 일이 될 수 있을 것이다.

---

* 도시설계 장소만들기의 여섯 차원, 올덴버그의 '제3의 장소' p214

의미

말처럼 쉬운 일은 아닐 것이다. 세상 어디에도 없는 단 하나의 점포를 만든다는 말은, 어쩌면 한가로운 이야기처럼 들릴지도 모른다. 정말 좋은 장소를 만들겠다는 다짐 역시 먹고사는 문제가 먼저 아니냐는 반문을 불러올 수 있다. 그러나 역설적으로, 먹고살기 위해서라도 가치와 의미를 먼저 챙겨야 한다. 그래야 장사도 오래, 그리고 잘된다.

프랜차이즈 창업이 비교적 수월했던 시절도 분명 존재했다. 그러나 시간이 흐를수록 프랜차이즈 창업은 마음의 여유를 가지고 "정말 잘해보겠다"는 의지를 품기조차 쉽지 않은 일이 되었다. 특히 코로나19를 겪는 과정은 프랜차이즈 점포를 운영하는 자영업자에게 혹독한 시간이었고, 한때 좋았던 프랜차이즈 창업의 시대는 그 이후로 저무는 듯 보였다.

자영업자라 불리던 수많은 프랜차이즈 가맹점이 문을 닫았고, 거리의 많은 건물에는 '임대 문의'라는 문구가 붙기 시작했다. 정말 좋은 장소를 만들면 무엇하나, 사람이 오지 않는데. 열심히 점포를 운영하면 무엇하나, 돈이 되지 않는데. 월세를 내는 것조차 버거운 현실 앞에서 이러한 질문은 점점 더 날카로워진다.

때로는 '죽 써서 개 준다'는 생각이 들기도 한다. 프랜차이즈 본사에 비용을 지불하고, 임대인에게 월세를 내고 나면 가맹점주에게 남는 것이 거의 없기 때문이다. 그렇기 때문에 더욱 단 하나의 점포로 차별화해야 한다. 적당함으로는 더 이상 통하지 않으며, 정말 좋은 장소를 만들 수 있다는 확신이 생길 때까지 인내가 필요하다.

예비창업자는 스스로에게 여러 가지 질문을 던지며 숫자로 점검해 보아야 한다. 더 나은 브랜드는 없는지, 이보다 나은 상권과 입지는 정말 없는지, 과연 이 구조로 이만큼 벌 수 있는지 끊임없이 확인해야 한다. 이렇게 '정말인가'를 반복해 묻는 과정이 쌓여서 비로소 정말 좋은 장소가 만들어진다.

만약 예비창업자가 막연한 기대만으로 시장에 뛰어들었다면, 어려운 상황 속에서도 무책임한 위로에 의존하며 버티고 있을 가능성이 크다. 그러나 막연하지 않은 숫자를 하나하나 확인했다면, 보다 온전한 의사결정으로 정말 좋은 장소를 만들어 갈 수 있다. 단 하나의 장소를 만들기 위해 제시한 열두 가지 숫자를 다시 점검해 보고, 나아가 예비창업자 스스로를 위한 기준의 숫자를 만들어 보아야 한다.

이 과정은 프랜차이즈 창업을 막연함에서 시작하지 않고, 무책임한 제안을 걸러내기 위한 최소한의 장치다. 시장의 변화는 거세고 환경은 언제나 녹록지 않을 수 있다. 그러나 예비창업자가 배우고 익히는 일을 게을리하지 않는다면, 결국 단 하나의 점포가 만들어질 것이고, 사람들의 기억에 남는 정말 좋은 장소를 남기게 될 것이다.

제공된 정보는
교차해서 확인해야

프랜차이즈 종사자

예비창업자는 프랜차이즈 창업 과정에서 다양한 프랜차이즈 종사자로부터 수많은 제안을 받게 된다. 이때 예비창업자는 제공받은 정보를 그대로 받아들이기보다 반드시 교차 확인해야 한다. 프랜차이즈 종사자가 제공하는 정보를 액면 그대로 신뢰할 경우, 창업 이후 예상치 못한 어려움을 겪기 쉽다. 프랜차이즈 종사자가 언제나 예비창업자의 편에서 온전한 컨설팅을 제공하기는 어렵기 때문이다.

대부분의 프랜차이즈 종사자는 각자의 이해관계에 따라 정보를 제공한다. 점포개발자는 점포를 오픈해야 하고, 창업컨설턴트는 창업이 성사되어야 하며, 공인중개사는 부동산 거래가 이루어져야 수수료를 받을 수 있다. 이처럼 프랜차이즈 종사자가 제공하는 정보의 출발점에는 종사자 개인의 이해관계가 자리 잡고 있는 경우가 많다.

따라서 예비창업자는 제공된 정보를 반드시 교차 확인해야 한다. 프랜차이즈 종사자가 예비창업자의 프랜차이즈 창업을 전적으로 대변하며 컨설팅해 주기 어렵다는 점을 전제로 여러 검증 방법을 활용할 필요가 있다. 예를 들어 해당 프랜차이즈 브랜드를 실제로 운영 중인 기존 가맹점주를 직접 만나거나, 인근 상권의 주민과 상인들을 인터뷰해 보는 방법이 있다. 또한 이해관계에서 비교적 자유로운 외부 컨설팅을 추가로 받아보는 것도 하나의 방법이 된다.

프랜차이즈 종사자가 컨설팅에 적합한 자격을 갖추었는지를 명확히 판단하기는 쉽지 않다. 다만 예비창업자는 프랜차이즈 종사자가 온전히 자신의 편에서 컨설팅해 주지 않을 가능성을 항상 염두에 두어야 한다. 일부 자격증이 있다면 일정 부분 전문성을 갖추었다고 볼 수는 있으나, 프랜차이즈 창업을 포괄적으로 대변하는 공식적인 전문 자격증은 존재하지 않는다.

경영지도사라는 자격이 있기는 하지만 이는 일반적인 경영 컨설팅에 가까우며, 프랜차이즈 창업 전반을 다루기에는 한계가 있다. 프랜차이즈 창업컨설턴트라는 공인된 자격증은 존재하지 않는다. 점포개발자, 창업컨설턴트, 부동산 중개인 등이 각자의 영역에서 필요한 자격증을 보유하고 있을 수는 있지만, 창업 전반을 종합적으로 판단하기에는 부족한 경우가 많다.

예비창업자가 제공받은 정보의 적합성을 판단하기 위해서는, 정보를 제공하는 프랜차이즈 종사자가 신뢰할 만한 사람인지 스스로 검증할 필요가 있다. 자격증만으로 판단하기 어렵기 때문에, 그 사람이 보유한 자격증의 종류와 더불어 실제 경험과 이력을 함께 살펴봐야 한다. 프랜차이즈 창업과 연관된 도시계획, 경영, 부동산, 투자 관련 자격증을 갖추고 있고, 다양한 프랜차이즈 점포를 직접 개발하거나 운영에 관여한 경험이 있다면 상대적으로 더 신뢰할 수 있다.

다만 이러한 자격과 경험을 동시에 갖추고, 더 나아가 예비창업자를 위한 컨설팅 역량까지 갖춘 사람을 만나는 일은 쉽지 않다. 만약 이런 창업컨설턴트를 만난다면, 프랜차이즈 창업을 단편적으로가 아니라 종합적으로 검토해 줄 수 있을 것이다. 그리고 그러한 만남은 예비창업자를 보다 성공적인 프랜차이즈 창업으로 연결해 주는 중요한 계기가 될 수 있다.

창업컨설턴트

창업컨설턴트는 점포와 사람을 연결해 주는 역할을 한다. 대한민국에는 창업컨설턴트가 많지만, 이 직무에 진입하기 위한 장벽이 낮기 때문이다. 전문적인 분석과 컨설팅을 바탕으로 매칭하기보다는, 단순한 정보 제공과 예비창업자를 설득하는 역할에 그치는 경우도 적지 않다. 이는 예비창업자들이 전문 컨설팅에 비용을 지불하지 않는 구조와도 무관하지 않다.

컨설팅 비용을 받지 않는 창업컨설턴트가 요즘 어떤 브랜드가 경쟁력이 있는지, 상권과 입지가 얼마나 적합한지, 사업성은 어떤지를 충분히 분석해 상세하고 친절하게 설명하기는 어렵다. 그러다 보니 전문적인 컨설팅 과정은 생략되고, 상대적으로 수익이 되는 점포를 거래시키는 데 집중하기 쉬운 구조가 된다. 결과적으로 컨설팅의 질보다는 거래 성사 여부가 더 중요해진다.

프랜차이즈 창업 시장에서 창업컨설턴트의 수입은 대부분 프랜차이즈 브랜드와 예비창업자의 매칭이 성사될 때 발생한다. 거래가 이루어졌을 때 성공보수 형태로 수수료를 받는 구조이기 때문이다. 이런 구조에서는 창업컨설턴트의 수입이 빠른 매칭과 직결될 수밖에 없다.

예비창업자의 의사결정 시간이 짧아질수록 창업컨설턴트의 수입 가능성은 높아진다. 그 결과 창업컨설턴트는 예비창업자의 결정을 적극적으로 재촉하게 되고, 이러한 설득은 예비창업자의 신중한 판단을 방해할 수 있다. 섣부른 결정은 대개 독이 되며, 결과가 좋지 않은 경우가 많다.

예비창업자에게는 충분한 숙고가 필요하지만, 창업컨설턴트에게는 빠른 결정이 필요하다는 점에서 양자의 속도는 근본적으로 다르다. 특히 안정적인 고정 수입이 없는 창업컨설턴트의 입장에서는 조급해질 수밖에 없는 구조다. 이러한 상황에서 예비창업자의 충분한 확인 없이 진행되는 프랜차이즈 창업은 좋지 않은 결과로 이어질 가능성이 크다.

따라서 예비창업자에게는 경험이 풍부하고 신뢰할 수 있는 창업컨설턴트를 만나는 것이 중요하다. 이를 위해 거래 성사에 따른 성공보수가 아니라, 컨설팅 자체에 대한 비용을 지급하고 지금까지 제공받은 정보를 객관적으로 점검해 보는 방법도 고려해 볼 만하다. 프랜차이즈 창업을 결정하기 전, 마지막으로 진심 어린 조언을 들을 수 있는 기회를 스스로 만드는 것이 예비창업자에게 필요하다.

자격

아는 만큼 보인다. 예비창업자는 하나의 정보나 한 사람의 컨설팅에 의존해서는 안 된다. 제공된 정보는 어떻게 만들어졌는지, 어떤 목적을 가지고 전달되는지, 그 사람은 왜 그런 이야기를 하는지 끊임없이 질문해야 한다. 다른 사람들은 같은 사안을 어떻게 바라보는지도 함께 확인하며, 예비창업자는 다양한 정보와 사람을 접촉해 교차 확인하는 것을 습관으로 삼아야 한다.

왜 이 길은 이런 형태로 만들어졌을까, 왜 저 동네에는 유독 비슷한 건물들이 많이 들어섰을까 하는 궁금증이 예비창업자에게 자연스럽게 자라나길 바란다. 왜 이 점포는 이 상권과 이 입지를 선택했을까, 왜 이 동네에는 특정 프랜차이즈 브랜드가 들어왔을까와 같은 질문도 중요하다. 이러한 궁금증이 쌓이고, 그에 대한 해답을 스스로 찾아가려는 태도를 갖추었다면 프랜차이즈 창업을 준비할 기본은 갖추었다고 볼 수 있다.

프랜차이즈 창업에 조언할 자격을 갖춘 사람이 필요하듯, 프랜차이즈 창업 역시 자격을 갖춘 예비창업자가 할 수 있는 일이다. 자신이 과연 가맹점주로서의 자격을 갖추었는지 스스로에게 질문해 볼 필요가 있다. 준비된 정도를 하나하나 점검하고, 예비창업자로서 충분히 준비되었다고 판단된다면 스스로에게 '자격증'을 부여해 보는 것도 의미 있는 과정이 될 것이다.

2명 이상의 가족을 설득

프랜차이즈 창업의 성공을 가장 간절히 바라는 동시에, 가장 설득하기 어려운 대상은 가족이다. 따라서 프랜차이즈 창업을 결정하기에 앞서 가족을 대상으로 충분한 브리핑을 진행하고, 명확한 승인을 받아야 한다. 최소 두 명 이상의 가족을 설득한 이후에 프랜차이즈 창업을 진행하는 것이 바람직하다. 두 명 이상의 동의를 얻을 수 있다면, 창업의 성공 가능성은 그만큼 높아진다.

가족을 설득하기 위해서는 성공적인 창업을 위한 하나의 줄거리, 즉 스토리라인을 구성할 필요가 있다. 먼저 창업하려는 프랜차이즈 브랜드와 선택한 입지, 그리고 사업성에 대해 설명한다. 이어서 투자 규모와 운영 계획을 구체적으로 제시해야 한다. 다음에서는 저자가 실제로 가족을 설득하기 위해 사용했던 브리핑 자료를 예시로 들어 살펴보고자 한다.

어떤 브랜드를 할 것인가

생활밀착형 프랜차이즈 업종을 선택하고, 그중에서도 1등 브랜드를 해야 한다는 접근이었다. 최근 4인 가족 기준으로 보면, 일주일에 최소 2~3회는 떡볶이나 치킨을 소비한다. 이러한 소비 패턴을 고려해 떡볶이와 치킨이라는 생활밀착형 업종을 하이브리드로 결합한 프랜차이즈 브랜드인 걸작떡볶이치킨을 선택했다.

걸작떡볶이치킨은 2014년에 가맹사업을 시작한 10년 차 브랜드다. 떡볶이와 치킨을 함께 취급하는 하이브리드 업종은 자칫 두 메뉴 모두에서 정체성이 흐려질 수 있지만, 10년간 브랜드가 유지되어 왔다는 점은 떡볶이와 치킨 모두에서 일정 수준 이상의 경쟁력과 안정성을 확보했음을 의미한다고 판단했다. 이러한 이유로 떡볶이와 치킨을 결합한 이른바 '떡닭' 하이브리드 업종으로서 충분한 검증을 거친 브랜드라고 보았다.

왜 여기에 하는가

수도권에는 총 121개의 점포가 운영되고 있다. 서울 43개, 인천 15개, 경기 63개로 구성되어 있다. 50개 이상의 점포가 출점한 브랜드이지만, 생활밀착형 업종이라는 특성을 고려하면 수도권에는 여전히 추가 출점의 여력이 있다고 판단했다. 특히 걸작떡볶이치킨은 반경 1.5km 이내에는 신규 점포를 출점하지 않는 정책을 가지고 있어, 이를 기준으로 집 근처 상권을 검토하기로 했다.

거주지는 서울 동북권에 위치해 있다. 서울시는 도시계획상 5개 권역 생활권으로 관리되며, 서울 동북권역은 도봉구, 노원구, 강북구, 성북구, 동대문구, 중랑구, 성동구, 광진구 등 8개 자치구로 구성된다. 이 권역 내에서 걸작떡볶이치킨의 기존 출점 현황을 확인했다.

서울 동북권역에서의 출점 현황은 도봉구 2개점(서울방학점, 쌍문창동점), 노원구 1개점(노원상계점), 강북구 1개점(수유점), 성북구 3개점(서울돈암점, 서울길음점, 서울월곡점), 동대문구 1개점(서울외대점), 성동구 2개점(서울왕십리점, 서울성수점), 광진구 1개점(서울구의점)이다. 중랑구에는 아직 출점된 점포가 없다.

이 가운데 노원구, 동대문구, 광진구는 다른 자치구에 비해 각각 1개 점포만 운영되고 있어 상대적으로 공백 상권이 존재한다고 판단했다. 이에 따라 서울 동북권역에서 점포개발자로서 추가 출점이 가능한 지역은 동대문구 전농동, 노원구 공릉동, 광진구 군자동의 세 곳으로 압축되었다. 각각 서울과학기술대학교가 위치한 공릉역 인근, 서울시립대학교와 경희대학교가 인접한 동대문구 전농사거리 일대, 그리고 광진구 군자역 인근 상권이다.

프랜차이즈 창업은 점포개발자가 출점을 검토하고 승인해야만 가능하며, 이미 포화된 상권보다는 공백이 존재하는 지역에 출점할수록 성공 확률이 높아진다. 이 세 곳 중에서 거주지와의 거리, 운영 및 관리의 용이성을 종합적으로 고려한 결과 동대문구 전농동이 가장 적합하다고 판단했다. 이에 따라 동대문구 전농동을 입지 검토를 위한 대상지로 선정했다.

사업성은 어떤가?

사업성을 분석하기 위해 먼저 예상 매출을 산정하고, 그 예상 매출을 기준으로 손익을 계산한다. 원가율은 45%로 설정했으며, 이에 따른 매출이익률은 55%다. 일반적인 외식업(F&B) 업종의 원가율이 35% 내외인 점을 감안하면 결코 좋은 구조는 아니다. 다만 매일 발주하고 일배송으로 식재료를 공급받는 물류 시스템을 고려할 때, 약 10%포인트의 원가율 차이는 현실적으로 수용 가능한 범위라고 판단했다.

예상 매출은 세 가지 방법으로 추정했다. 첫째는 객수와 객단가를 기준으로 한 방식이고, 둘째는 유사 브랜드 점포와의 비교, 셋째는 동일 프랜차이즈 브랜드의 서울 지역 평균 매출을 활용하는 방식이다. 객수와 객단가로 산정한 예상 월매출은 3,072만 원이다. 유사 브랜드 비교를 위해 동대문엽기떡볶이 전농점과 교촌치킨 전농점의 매출을 참고했을 때 예상 월매출은 2,855만 원으로 추정되었다.

한편 걸작떡볶이치킨의 서울 지역 평균 월매출은 3,446만 원이다. 세 가지 방식으로 산정한 매출 수치를 비교한 결과, 가장 보수적이면서도 현장 상황을 반영했다고 판단한 객수와 객단가 기준의 예상 매출 3,072만 원을 기준으로 손익을 계산하기로 했다. 이를 통해 과도

구분	예상매출 (Min)	예상매출 (Target)	예상매출 (Max)	비고
주중객수(시간)	3명	4명	5명	
주중일객수	36명	48명	60명	12시간
주중월객수	792명	1,056명	1,320명	22일
주중월매출	1,584만원	2,112만원	2,640만원	객단가2만원
주말객수(시간)	4명	5명	6명	
주말일객수	48명	60명	72명	12시간
주말월객수	384명	480명	576명	8일
주말월매출	768만원	960만원	1,152만원	객단가2만원
월매출(주중+주말)	2,352만원	3,072만원	3,792만원	
비율	77%	100%	123%	Target 대비

객수와 객단가로 산정한 예상매출 Min, Target, Max

구분	걸작떡볶이치킨(환산)	평균추정	최대추정	최소추정
엽기떡볶이	2,400만원(80%)	3,000만원	3,600만원	2,400만원
교촌치킨	3,000만원(60%)	5,000만원	5,500만원	4,500만원

동대문엽기떡볶이와 교촌치킨으로 추정한 매출

구분	점포수	평균매출액(年)	평균매출액(月)
서울	42	4억 1,354만원	3,446만원

서울 점포수와 평균매출액을 추정한 매출

한 낙관을 배제하고, 보다 현실적인 사업성 분석을 진행한다.

매출이익률은 55%이며, 이 매출이익에서 인건비, 관리비, 세금, 월세를 차감하면 영업이익이 산출된다. 인건비에는 배달기사 인건비와 점주 또는 매니저, 아르바이트 인건비가 포함되고, 관리비는 수도광열비를 의미하며 세금은 부가가치세를 기준으로 한다. 이러한 항목을 모두 고려해 손익을 계산한다.

월매출 3,072만 원을 기준으로 손익을 계산하면 인건비 비율은 약 40% 수준이다. 이 중 배달기사 인건비가 약 20%, 점주 또는 매니저와 아르바이트 인건비가 약 20%를 차지한다. 여기에 관리비 3%, 세금 3%를 반영하고 월세를 제외하면, 월 영업이익은 약 170만 9천 원으로 계산된다.

이를 매출 대비 영업이익률로 환산하면 약 5.6% 수준이다. 이 수치는 배달 비중이 높은 업종 특성과 인건비 구조를 감안했을 때 현실적인 수준이지만, 투자비 회수와 점포 운영의 안정성을 고려하면 추가적인 개선 여지가 있는 구조라고 볼 수 있다.

보증금을 제외한 투자비용 6,800만 원을 기준으로 할 경우, 예상매출(Min)에서는 투자비 회수에 472개월이 소요된다. 예상매출(Target) 기준에서는 33개월, 예상매출(Max) 기준에서는 20개월에 투자비용을 회수할 수 있다. 이 중 투자 관점에서 합리적인 결정으로 볼 수 있는 경우는 예상매출(Max) 시나리오뿐이다.

다만 투자비용을 1,700만 원 추가로 조정할 수 있다면 상황은 달라진다. 이 경우 예상매출(Target) 기준에서도 투자비용을 24개월 이

(단위: 원)

구분	예상매출 (Min)	예상매출 (Target)	예상매출 (Max)	비고
매출(100%)	23,520,000	30,720,000	37,920,000	
매출이익(55%)	12,936,000	16,896,000	20,856,000	
- 인건비1	4,704,000	6,144,000	7,584,000	배달기사 등
- 인건비2	3,500,000	4,000000	4,500,000	점주/매니저
- 인건비3	1,500,000	1,500,000	2,000,000	알바
- 관리비(3%)	706,000	922,000	1,138,000	수도광열비
- 세금(3%)	706,000	922,000	1,138,000	부가세
- 월세	1,700,000	1,700,000	1,700,000	
영업이익	121,000	1,709,000	2,797,000	

예상매출에 따른 손익계산서

내에 회수할 수 있다. 결국 투자비용 조정 여부가 프랜차이즈 창업의 성패를 가르는 핵심 변수가 된다.

투자비는 어떻게 구성되는가

투자비용은 돌려받을 수 있는 보증금과 감가상각되는 투자비로 구분된다. 임대차 보증금은 3,000만 원, 가맹보증금은 200만 원으로 총 보증금은 3,200만 원이다. 반면 돌려받을 수 없는 투자비는 가맹비·교육비·감리비 1,300만 원과 인테리어·집기·간판 등 시설투자비로,

15평 기준 5,700만 원이 소요된다.

이를 모두 합산하면 총 투자비는 1억 200만 원이다. 다만 이 투자비는 고정된 금액이 아니라 협상을 통해 조정이 가능한 항목들로 구성되어 있다. 우선 임대차 보증금을 1,000만 원 낮추는 조건으로 협의가 진행되었고, 가맹비·감리비·교육비 1,300만 원에 대해서는 면제가 합의되었다.

아직 확정되지는 않았지만, 기존 시설을 최대한 활용할 경우 인테리어와 집기, 간판 비용에서 약 1,300만 원의 추가 절감도 가능하다. 이러한 투자비 조정이 모두 반영될 경우, 총 투자비는 약 6,600만 원 수준으로 낮아진다. 이처럼 투자비를 어떻게 구조화하고 조정하느냐에 따라 프랜차이즈 창업의 사업성은 크게 달라질 수 있다.

구분	합계	임대차보증금	가맹보증금	비고
비용	2,200만원	2,000만원	200만원	1,000만원 조정

보증금

구분	가맹비	교육비	감리비	인테리어	집기 등	간판
비용	700만원	300만원	300만원	3,750만원	1,400만원	550만원
절감액	-700만원	-300만원	-300만원	-800만원	-400만원	-100만원
총절감액	1,300만원			1,300만원		
총투자비	4,400만원(5700만원-1,300만원)					

투자비

투자비 조정을 통해 투자비 회수 기간을 단축하면 재투자의 여력을 확보하고 보다 안정적인 점포 운영이 가능해진다. 따라서 예비창업자는 소극적인 태도에서 벗어나, 투자비를 줄이기 위한 협상에 적극적으로 임할 필요가 있다. 이러한 협상 과정은 단순한 비용 절감이 아니라, 프랜차이즈 창업의 지속 가능성을 높이기 위한 필수적인 준비 단계다.

(단위: 원)

구분	예상매출 (Min)	예상매출 (Target)	예상매출 (Max)	비고
매출(100%)	23,520,000	30,720	37,920,000	
영업이익	121,000	1,709	2,797,000	
투자비(조정전)	57,000,000	57,000	57,000,000	
투자비회수기간	472개월	33개월	20개월	
투자비(조정후)	44,000,000	44,000,000	44,000,000	
투자비회수기간	364개월	26개월	16개월	

투자비 조정 후 투자비 회수기간

어떻게 운영할 것인가

월매출 3,072만 원을 달성하기 위해 필요한 일객수는 주중 평균 48건, 주말 평균 60건으로 설정한다. 보다 구체적인 운영 방안을 마련하기 위해 시간대와 요일별로 객수를 세분화해 운영 계획을 수립한다.

이를 위해 오픈업에서 제공하는 매출 추정 데이터를 활용해 시간대별 주문 흐름을 분석하고, 그에 맞춰 운영 인력을 배치한다. 참고 사례로는 전농동에 위치한 동대문엽기떡볶이와 교촌치킨을 활용했다.

오픈업에서는 하루 운영 시간을 ① 11~15시, ② 15~18시, ③ 18~20시, ④ 20~22시, ⑤ 22~24시의 다섯 개 시간대로 구분한다. 분석 결과 동대문엽기떡볶이는 18~20시에, 교촌치킨은 18~22시에 주문과 결제가 집중되는 경향을 보였으며, 두 브랜드 모두 주말에 주문량이 더 많았다. 이를 바탕으로 해당 시간대를 피크타임으로 설정했다.

운영시간	11-15시	15-18시	18-20시	20-22시	22-24시
매출건수	12	6	15	12	3
매출비율	25%	13%	31%	25%	6%
시간당건수	3	2	7.5	6	1.5

주중(객수 48건) 운영시간별 객수 추정

운영시간	11-15시	15-18시	18-20시	20-22시	22-24시
매출건수	12	12	21	12	3
매출비율	20%	20%	35%	20%	5%
시간당건수	3	4	10.5	6	1.5

주말(객수 60건) 운영시간별 객수 추정

하루 12시간의 운영 시간 중 18~22시의 4시간이 주문이 집중되는 핵심 피크타임이며, 나머지 8시간은 상대적으로 주문이 적은 시간대로 구분된다. 따라서 피크타임에는 아르바이트 인력을 추가로 투입하고, 비피크타임에는 최소 인력으로 운영해 인건비를 통제한다. 이와 같은 운영 구조를 적용하면 전체 매출의 약 55%가 피크타임에, 나머지 약 45%가 기타 시간대에 발생하는 것으로 예상된다.

역량

프랜차이즈 점포개발자는 점포 오픈을 위해 본사 내에서 투자심의위원회를 열어 사업 내용을 브리핑하고, 품의에 대한 승인을 받는다. 투자심의위원회에서 가결되어야 비로소 직영점 또는 가맹점으로 점포를 오픈할 수 있다. 예비창업자 역시 점포개발자와 같은 관점에서 가족을 대상으로 투자심의위원회를 열고, 가결된 이후 프랜차이즈 창업을 진행하는 것이 바람직하다.

가족에게는 최소한 다섯 가지 내용을 설명하고, 데이터에 근거해 두 명 이상의 가족을 설득해야 한다. 전문적인 수준까지는 아니더라도, 상식적인 판단 기준에서 가족을 납득시킬 수 있어야 한다. 가족과 질의응답의 시간을 충분히 가지며 소통하고, 질문에 대해 자신 있게 답할 수 있다면 신뢰가 쌓이고 가족의 응원 속에서 프랜차이즈 창업을 시작할 수 있다.

가족에게 설명해야 할 핵심 내용은 다음과 같다.

첫째, 어떤 프랜차이즈 브랜드를 선택할 것인가.

둘째, 왜 이 상권과 이 입지에서 창업하려는가.

셋째, 사업성은 충분한가.

넷째, 투자비는 어떻게 구성되어 있으며 회수 계획은 무엇인가.

다섯째, 점포는 어떻게 운영할 것인가다.

가족에게 투자심의를 받는 과정은 예비창업자 스스로를 점검하는 시간이기도 하다. 창업에 대한 의지가 앞서 가족의 동의를 무리하게 요구하거나, 설득이 어렵다는 이유로 장밋빛 전망만을 강조하고 싶은 유혹에 빠질 수도 있다. 이러한 과정을 가족과 함께 경험해 보면, 예비창업자는 진정성 있는 창업컨설팅이 무엇인지 구분할 수 있는 눈을 키우게 된다.

창업 준비 과정은 시간이 오래 걸리고, 당장 수입이 없다는 점에서 인내가 필요하다. 이 과정에서 예비창업자는 조급함으로 인해 잘못된 판단을 내릴 위험에 노출되기 쉽다. 잘못된 판단을 피하기 위해서, 혹은 설령 어려움이 닥치더라도 함께 극복하기 위해서 가족을 설득하는 과정은 반드시 필요하다. 예비창업자의 성공을 진심으로 바라는 가족의 지지를 얻은 상태에서의 성공이야말로 진정한 프랜차이즈 창업의 성공이라 할 수 있다.

이러한 훈련이 반복되면 예비창업자는 자연스럽게 창업컨설턴트로서의 역량도 갖추게 된다. 비록 공식적인 자격증이 없더라도, 프랜차이즈 창업을 판단하고 결정할 수 있는 자격을 스스로 만들어 가는 것이다. 자격을 갖춘다는 것이 반드시 자격증을 의미하는 것은 아니다. 자격증이 있다면 좋겠지만, 경험과 학습을 통해 충분한 역량을 갖추었다면 그 자체로 자격이 있다고 볼 수 있다.

4가지
계약

이제는 정말 중요한 계약의 단계다. 생각보다 많은 예비창업자가 계약 과정에서 세부적인 내용을 중요하게 여기지 않는 경우가 있다. 그러나 계약서는 한 번 체결하면 수정하기가 매우 어렵고, 계약 이후에는 그 내용에 따라 약속을 반드시 이행해야 한다. 그렇기에 계약은 타협할 수 없는 가장 중요한 절차이며, 결코 가볍게 생각해서는 안된다.

프랜차이즈 창업 과정에서 계약의 순서에는 다소 차이가 있을 수 있지만, 반드시 마주하게 되는 계약이 가맹계약이다. 점포개발자의 입장에서는 예비창업자가 다른 프랜차이즈 브랜드를 선택하지 않도록 가맹계약을 먼저 진행하려는 경향이 있다. 반면 부동산 중개인의 입장에서는 다른 매물과의 계약을 방지하기 위해 임대차계약을 먼저 체결하려는 경향이 있다. 이러한 이해관계의 차이를 예비창업자는 분명히 인지한 상태에서 계약에 임해야 한다.

가맹계약과 양수도계약

가맹계약을 체결하기 전에 예비창업자가 반드시 먼저 받아야 할 서류는 정보공개서, 인근가맹점 현황 문서, 가맹계약서다. 가맹사업법에 따르면 가맹계약 체결 14일 전까지 위 서류를 제공받아야 하며, 변호사 또는 가맹거래사의 자문을 받는 경우에는 7일 전까지 제공받을 수 있다. 예비창업자가 이 서류를 미리 받아야 하는 이유는 사전에 내용을 검토하고, 불리한 조건과 리스크를 점검하기 위해서다.

정보공개서와 인근가맹점 현황 문서, 가맹계약서를 사전에 제공하지 않는 프랜차이즈 본사와는 가맹계약을 진행해서는 안 된다. 규모가 있는 프랜차이즈 본사는 원칙을 비교적 잘 지키는 편이지만, 그렇지 않은 경우도 존재하므로 예비창업자는 각별히 유의해야 한다. 최소 한 달 이상 시간을 두고 서류 내용을 꼼꼼히 검토한 뒤 계약을 진행하는 것이 안전하다. 서류를 받은 뒤 곧바로 계약을 서두르는 것은 예비창업자에게 불리하게 작용할 가능성이 크다.

가맹계약에서 특히 중요한 쟁점은 크게 두 가지다. 첫째는 영업권(영업지역)이며, 둘째는 계약 해지 시 손해배상 및 영업 양수도(양도·양수)와 관련된 조항이다. 먼저 영업권은 보호받을 수 있는 상권의 범위이자, 매출을 좌우하는 핵심 장치다. 프랜차이즈는 동일 브랜드

간 경쟁이 발생할 수밖에 없으므로, 배달 상권이 중요한 업종일수록 영업권의 설정은 더욱 중요해진다.

예비창업자는 매출이 훼손되지 않도록 영업권을 명확하게 설정해야 한다. 영업권이 보장되지 않으면 인근에 동일 브랜드 점포가 생겼을 때 매출이 떨어질 수밖에 없다. 영업권의 표기 방식은 브랜드마다 다르지만, 일반적으로 반경으로 설정하는 방식과 지도를 첨부해 상권을 명시하는 방식으로 구분된다. 어느 방식이든 '매출이 나올 수 있는 구역'이 빠짐없이 포함되도록 점검해야 한다.

이때 매출 타격이 클 것으로 판단되는 입지는 반드시 방어해야 한다. 예를 들어 반경 기준으로 영업권을 설정할 경우, 대규모 배후 수요를 가진 아파트 단지 상가가 반경에서 제외되면 예상보다 큰 매출 하락을 경험할 수 있다. 오피스 상권도 마찬가지다. 연면적이 큰 빌딩에 점포가 위치한다면, 가능하면 빌딩 전체가 영업권 범위에 포함되도록 설정하는 것이 바람직하다.

가맹본부가 영업지역을 설정하면서 예외 상황을 두는 경우도 있는데, 이때도 매출 영향도가 큰 지역이라면 계약서에 포함시켜야 한다. 예외 상황으로는 대규모 주거단지 조성, 대형 종합병원, 대학교, 특수 상권 등이 거론되곤 한다. 이 중 동일 브랜드 출점 시 매출에 큰 타격을 받을 가능성이 있는 곳이라면, 반드시 사전에 점검하고 계약서에 명확히 반영해야 한다. 영업권은 협의가 가능할 때 가장 강하게 설정해야 한다.

다음으로 계약 해지 시 손해배상 조항을 면밀히 확인해야 한다. 창업 후 매출이 잘 나오고 운영이 안정적이라면 가맹계약서에 다소 불리한 조항이 있더라도 문제가 표면화되지 않는다. 그러나 영업이 부진해지는 순간, 계약서의 모든 조항이 현실적인 부담으로 돌아온다. 해지 시 위약금과 손해배상 조항이 과도하면, 적자임에도 울며 겨자 먹기로 계약 기간을 버텨야 하는 상황이 발생할 수 있다.

예비창업자에게는 리스크를 사전에 줄이는 노력이 필수다. 가맹계약에서는 가능한 한 조기 폐점 가능성까지 고려해 위약금 규모를 미리 계산해 보아야 한다. 그 금액이 감당하기 어렵거나 비합리적이라면 반드시 프랜차이즈 본사와 협상을 시도해야 한다. 협상은 '운영이 잘되면 상관없다'가 아니라 '운영이 안 될 때를 대비한다'는 관점에서 접근해야 한다.

프랜차이즈 본사가 브랜드력으로 협상 우위를 갖고 있더라도, 예비창업자는 반드시 문제를 제기하고 협상의 여지를 만들어야 한다. 이를 위해 예외적으로 협의된 사례가 있는지 조사하고, 그 근거를 바탕으로 협상에 임한다. 조정이 가능한 항목이 무엇인지 정리한 뒤 위약금 규모를 최소화하는 방향으로 조건을 수정해야 한다. 협상 자체가 부담스럽더라도, 계약 후에는 수정이 훨씬 어렵다는 점을 잊지 않아야 한다.

영업이 잘되는 경우 예비창업자는 영업 양수도(양도·양수)도 고려할 수 있다. 양수도와 관련된 규정은 가맹계약서에 기재되어 있으므로, 계약 체결 전에 양수도 조항을 반드시 확인해야 한다. 영업 양도 시의 절차와 가맹계약 해지로 오인되어 위약금이 발생하지 않도록 사전에 협의해 두는 것이 중요하다. 영업 양수도가 발생하더라도 본사는 점포가 유지되고 새로운 가맹점주가 운영을 이어간다는 점에서 충분히 협의의 명분이 존재한다.

아무리 영업이 잘되더라도 건강과 같은 개인이 통제할 수 없는 변수가 발생할 수 있다. 또한 다른 업종으로 확장하거나 새로운 사업을 시작하려는 계획이 생길 수도 있다. 이러한 가능성을 고려하면, 양수도를 원활히 할 수 있는 조건을 계약 단계에서 마련해 두는 것이 중요하다. 결국 좋은 계약은 '잘될 때'가 아니라 '변수가 생길 때'를 대비하는 계약이다.

프랜차이즈 점포를 양수도할 때는 본사와의 협의뿐 아니라 임대차계약도 반드시 함께 확인해야 한다. 후속 임차인이 임대차계약을 승계해 동일 장소에서 영업을 지속할 수 있는지 여부는, 양수도 성립의 핵심 조건이 된다. 임대차 계약 기간 중 임차인이 바뀌면 계약 변경이 필요하며, 임대인이 이를 받아들이지 않을 가능성도 있다. 따라서 동일 프랜차이즈 브랜드로 양수도하는 경우 임대차 승계를 허용한다는 조항을 임대차계약의 특약사항으로 미리 넣어 두는 것이 바람직하다.

임대인 입장에서도 동일 브랜드가 계속 영업한다면 임대료 수취의 안정성이 유지되므로, 승계를 거부할 이유가 크지 않다는 논리로 설득할 수 있다. 결국 가맹계약과 임대차계약은 분리된 계약이 아니라, 프랜차이즈 창업의 성패를 함께 좌우하는 '한 세트'의 계약이다. 예비창업자는 두 계약을 동시에 바라보며, 최악의 상황에서도 출구가 열려 있는 구조를 계약 단계에서 만들어야 한다.

임대차 계약과 권리계약

프랜차이즈 창업에서 가맹계약과 더불어 가장 중요한 계약은 임대차 계약이다. 임대 조건은 반드시 사업성 검토를 기반으로 협상해야 하며, 이후 세부 조건을 꼼꼼히 확인하는 절차가 필요하다. 임대차계약을 검토할 의사가 있다면 즉시 등기부등본과 건축물대장을 발급받아 확인해야 한다. 예비창업자가 창업하려는 프랜차이즈 브랜드의 업종과 용도로 해당 건물을 사용할 수 있는지 여부를 사전에 점검하기 위함이다.

부동산 중개인이 있는 경우 중개대상물 확인·설명서를 통해 일부 내용을 확인할 수 있지만, 그렇지 않다면 예비창업자가 직접 확인해야 한다. 사용 가능 여부가 불분명하거나 용도상 제약이 있는 경우에는 프랜차이즈 업종 창업을 조건으로 하는 조건부 임대차계약을 제안해 볼 수 있다. 이는 불확실성을 줄이기 위한 현실적인 대안이 된다.

임대차계약에서 특히 중요한 요소는 크게 두 가지다. 첫째는 보증금의 안전한 회수이며, 둘째는 계약 기간 동안 영업권이 보장되는지 여부다. 보증금 회수를 위해 임대차계약 체결 시 전세권 설정이나 근저당권 설정을 요청하는 것이 일반적이다. 대부분의 직영 프랜차이즈 본사는 담보 설정이 전제되지 않으면 임대차계약을 진행하지 않으며, 이는 보증금 채권 확보가 그만큼 중요하다는 의미다.

등기부등본의 을구를 확인하면 이미 설정된 권리 관계를 통해 보증금 회수가 가능한 여력이 있는지를 판단할 수 있다. 만약 해당 부동산에 문제가 발생하면 영업 자체가 불가능해질 수 있으므로, 계약 협의 단계에서 담보 설정 가능 여부와 담보 여력을 반드시 점검해야 한다. 이는 단순한 형식 문제가 아니라, 창업 리스크를 좌우하는 핵심 요소다.

건물에 따라 질권 설정을 요구받는 경우도 있으나, 질권은 보증금 담보는 가능하더라도 임대차 기간이 보장되지 않을 수 있다. 프랜차이즈 창업에는 인테리어 비용 등 감가상각되는 투자비가 수반되므로, 영업 기간을 안정적으로 보장받을 수 있는 전세권이나 근저당권 설정을 우선적으로 협의하는 것이 바람직하다. 영업 기간의 안정성은 곧 투자비 회수 가능성과 직결된다.

두 번째로 중요한 사항은 업종 보장에 관한 특약이다. 상권에 따라 다르지만, 동일 또는 유사 업종이 인근에 추가로 입점할 경우 매출에 큰 타격을 받을 수 있으므로 업종 독점 또는 업종 제한에 대한 문구를 임대차계약에 포함시키는 것이 필요하다. 특히 1차 상권 내에서 경쟁이 발생할 가능성이 있다면, 사전에 임대인과 충분한 협의를 거쳐야 한다.

업종 보장 문구는 가능한 한 포괄적으로 설정하는 것이 임차인에게 유리하다. 예를 들어 '커피전문점은 입점시키지 않는다'는 표현보다는 '커피를 판매하는 업종은 입점시키지 않는다'와 같이 범위를 넓게 설정하는 방식이 효과적이다. 이러한 표현의 차이가 실제 영업에 미치는 영향은 매우 크다.

프랜차이즈 점포의 임대차계약은 고객을 대상으로 하는 상행위가 중심이 되므로, 영업을 위해 추가적인 협의 사항이 필요한 경우가 많다. 간판과 파사드 인테리어의 범위와 연출, 실외기 설치 위치, 고객 무료 주차, 용도 변경 등은 임대인의 협조가 필수적인 사항이다. 따라서 임대인이 영업에 필요한 사항에 적극 협조한다는 내용을 임대차계약에 반영해 두는 것이 중요하다.

임대차계약에 이러한 영업 관련 사항이 명시되어 있지 않으면, 추가 비용이 발생하거나 분쟁으로 이어지는 경우가 많다. 계약서에 명시된 내용에 따라 비용 부담과 책임 주체가 결정되므로, 사전에 관련 사항을 계약에 담아 두어야 예비창업자가 불리해지지 않는다. 누수, 화장실 관리, 월세 인상 등 분쟁이 잦은 항목 역시 계약서에 명확히 기재해야 한다.

입지가 좋은 1층 점포의 경우 대부분 권리금이 형성되어 있다. 권리금이 있는 경우에는 반드시 임대차계약에 앞서 권리계약을 먼저 체결해야 한다. 권리계약을 통해 권리금을 비용으로 명확히 처리할 수 있고, 권리 관계에서 발생할 수 있는 책임 소재도 분명히 할 수 있다.

권리계약에서 가장 중요한 점은 해당 계약이 임대차계약 체결을 전제로 한다는 사실을 명시하는 것이다. 즉 임대차계약이 체결될 경우에만 권리계약이 효력을 가지며, 임대차계약이 성립되지 않으면 권리계약은 자동 해지되고 계약금은 반환된다는 내용을 반드시 포함해야 한다.

임대차계약 조건 협의가 원활히 이루어지지 않을 경우를 대비해, 권리 양도자가 예비창업자에게 필요한 조건을 충족시키지 못할 경우 책임을 진다는 내용도 계약서에 명기해야 한다. 또한 양도 대상이 되는 시설과 집기의 현황을 구체적으로 기재하고, 원상복구 범위와 비용 정산 기준도 명확히 해야 한다. 특히 원상복구 비용은 예비창업자에게 큰 부담이 될 수 있으므로, 권리 양도자와 사전에 정산해 두는 것이 매우 중요하다.

점검

예비창업자는 프랜차이즈 창업 과정에서 네 가지 계약, 즉 가맹계약·양수도계약·임대차계약·권리계약과 관련해 많은 사람을 만나게 된다. 가맹계약과 양수도계약은 점포개발자나 창업컨설턴트를 통해 진행하는 경우가 많고, 임대차계약과 권리계약은 공인중개사나 자문사를 통해 이루어진다. 창업 전반을 포괄하는 공인된 자격을 가진 직무가 존재하지 않기에 이들을 흔히 '전문가'라 부르지만, 실제로는 진정한 의미의 전문가가 아닐 수도 있음을 전제로 접근해야 한다.

현장에서 만나는 대부분의 관련 종사자는 각자의 이익 구조에 맞는 역할을 수행하고 있다는 점을 간과해서는 안 된다. 이미 프랜차이즈 창업에서 시행착오를 겪어본 사람이라면 쉽게 공감할 이야기일 것이다. 시행착오를 겪고 싶지 않고, 실패할 여력이 없다면 예비창업자는 들려오는 이야기를 곧이곧대로 받아들여서는 안 된다. 항상 한걸음 떨어져서 판단해야 한다.

전문가를 자칭하는 이들과 진솔한 소통이 항상 가능한 것은 아니다. 그 이유는 소통 자체가 곧바로 돈이 되는 구조가 아니기 때문이다. 점포개발자, 창업컨설턴트, 부동산 중개인이라는 대표적인 프랜차이즈 종사자들이 처한 구조와 입장을 이해하고, 그에 맞게 예비창업자가 대응할 필요가 있다.

먼 저 프랜차이즈 본사의 점포개발자는 '얼마나 많은 점포를 오픈했는가'로 평가받는다. 점포의 매출이나 이익, 예비창업자의 만족도, 예측의 정확성은 주요 평가 지표가 아니다. 질보다는 양이 성과 기준이 되는 경우가 대부분이다. 따라서 점포개발자의 성과는 사실상 점포 수에 의해 결정된다고 보아도 무방하다.

이러한 구조 속에서 점포개발자는 어떻게든 점포를 오픈하는 데초점을 맞추게 된다. 객관적인 정보를 제공한다고 말하지만, 실제로는 점포 오픈에 유리한 정보만 선별적으로 전달하는 경우도 적지 않다. 예비창업자는 점포개발자가 제공하는 정보를 그대로 받아들이기보다는, 그 정보가 왜 제공되는지를 함께 고민해야 한다.

본사 입장에서 보면 양질의 점포 한 개를 여는 것보다 두 개의 점포를 여는 것이 훨씬 유리하다. 가맹비·교육비·인테리어비·시설비등 예비창업자가 지불하는 초기 비용은 본사의 주요 수익원이 되기때문이다. 특히 업력이 짧거나 규모가 작은 프랜차이즈 본사일수록 이러한 구조는 더 강하게 작동한다.

이 때문에 점포개발자는 예비창업자의 의사결정을 빠르게 끌어내도록 압박받거나, 이를 자신의 역량으로 여기기도 한다. 경우에 따라서는 무리한 설득이 이루어지기도 한다. 결국 점포개발자에게 유리한 방향이기 때문이다. 따라서 예비창업자는 점포개발자의 설명을 걸러 들을 수 있어야 하며, 제시되는 근거가 충분한지 반드시 확인해야 한다.

다음으로 창업컨설턴트의 수입 구조를 살펴볼 필요가 있다. 창업컨설턴트에게는 거래가 곧 수입이며, 거래가 성사되지 않으면 수익이 발생하지 않는 경우가 많다. 거래 건수가 많을수록 능력 있는 사람으로 인식되어 시장 내 인지도도 높아진다. 건강한 컨설팅이 장기적으로는 도움이 되겠지만, 당장의 수익과 기회를 외면하기는 쉽지 않다.

이러한 환경에서는 예비창업자에게 제공되는 정보가 선별적일 가능성이 높아진다. 창업컨설턴트와 예비창업자의 관계가 균형을 이루기 위해서는 거래 성사가 목적이 아니라, 컨설팅 자체가 목적이 되는 관계여야 한다. 그렇지 않으면 정보는 왜곡되고 판단은 흐려질 수밖에 없다.

거래 중심의 구조는 자격 없는 창업컨설턴트가 양산되는 환경을 만들기도 한다. 무엇이든 하나만 성사되면 된다는 인식 속에서 역량을 쌓는 데 소홀해지기 쉽다. 진입장벽이 낮아질수록 시장에는 준비되지 않은 컨설턴트가 늘어난다. 예비창업자는 합당한 비용을 지불하더라도 온전한 조언을 해줄 수 있는 컨설턴트를 가려낼 수 있어야 한다.

부동산 중개인 역시 구조적으로 유사하다. 거래가 이루어져야 수수료가 발생하며, 수수료를 더 많이 지급하는 쪽의 입장에서 중개가 이루어질 가능성도 존재한다. 특히 지역 기반의 중개인일수록 지속적인 수익원이 되는 건물주의 입장에 더 가까울 수밖에 없다.

이러한 점을 인지한 상태에서 예비창업자는 임대 조건 협상에 보다 적극적으로 나서야 한다. 사업성이 확보되는 월세와 조건을 관철시키지 못하면, 프랜차이즈 창업의 출발선부터 흔들리게 된다. 안전 마진이 확보된 임대 조건을 기준으로 임대차계약을 추진해야 한다.

사업성이 확보되는 임대 조건을 지켜내는 협상 과정에는 분명 진통이 따른다. 그러나 예비창업자는 이 과정에서 원칙을 포기해서는 안 된다. 협상이 어렵다면 예비창업자의 입장만을 대변해 줄 대리인을 지정하는 것도 하나의 방법이다. 다만 이때는 반드시 예비창업자의 이해만을 대변하는 사람이어야 한다.

프랜차이즈 창업 시장은 일방적인 구조가 아니다. 프랜차이즈 관련 종사자와 예비창업자 어느 한쪽만으로 형성되지 않는다. 서로의 필요를 이해하고, 그 접점을 합의해 가는 과정이다. 예비창업자가 종사자의 필요를 이해하지 못한 채 시장에 뛰어든다면 어려움을 겪을 수밖에 없다.

점포개발자, 창업컨설턴트, 부동산 중개인과의 관계에서 이해관계를 인식한 상태로 신뢰를 쌓아간다면, 예비창업자는 프랜차이즈 창업의 성공에 한 걸음 더 가까워진다. 부정확한 정보가 교차 검증을 통해 정교해지고, 집단지성에 기반한 의사결정이 이루어진다면 말이다. 이 과정을 통해 예비창업자는 창업 역량을 넘어, 삶의 지혜를 얻게 될 것이다.

꿈을 이룸

프랜차이즈 창업의
준비가 되었는가?

예비창업자가 숫자로 프랜차이즈 창업의 기준을 설정했다면, 이제 프랜차이즈 창업을 준비할 자격은 갖추었다고 할 수 있다. 프랜차이즈 창업으로 성공하는 일은 결코 만만하지 않다. 그렇기에 유혹에 흔들리지 않고 스스로 세운 기준을 끈질기게 지키겠다는 마음가짐이 필요하다. 굳은 마음이 준비되었을 때 비로소 프랜차이즈 창업의 출발선에 서게 된다.

이제 '프랜차이즈 창업을 과연 해야 할까?'라는 물음표는 '프랜차이즈 창업을 잘해낼 수 있겠다'라는 느낌표로 바뀐다. 준비된 마음으로 담담히 프랜차이즈 시장에 나서고, 이제는 생각이 아니라 몸으로 창업의 세계에 들어간다. 마음이 준비되었으니 실행의 단계로 넘어가는 것이다.

예비창업자는 원하는 것을 찾고, 구하고, 두드리며 움직인다. 기술적인 방법은 이미 안내되었다. 이제 그 과정을 실제로 실행하고, 하나하나 기록해 나간다. 프랜차이즈 창업을 준비하며 몸소 체득한 브랜드, 상권과 입지, 사업성, 의사결정이라는 네 가지 핵심 기술을 다시되새긴다.

첫째, 브랜드를 선택하는 과정을 기록한다.

둘째, 상권과 입지를 평가하는 과정을 기록한다.

셋째, 사업성을 분석하는 과정을 기록한다.

넷째, 의사결정의 과정을 기록한다.

첫 번째는 브랜드 선택이다. 이는 창업했을 때 성공할 수 있는 프랜차이즈 브랜드를 찾아내는 과정이다. 시장에서 이미 검증된 프랜차이즈 브랜드를 데이터를 통해 읽어내는 기술에 관한 이야기다. 예비창업자는 성공한 프랜차이즈 브랜드의 공통점을 발견하고, 이를 바탕으로 자신만의 브랜드 선택 기준을 설정한다. 어떤 프랜차이즈 브랜드를 어디서, 어떻게 찾아야 하는지, 찾아낸 브랜드를 어떤 기준으로 비교해야 하는지, 그리고 무엇이 중요한 데이터인지를 명확히 한다. 치열한 프랜차이즈 시장에서 살아남은 브랜드를 선별해 창업한다면, 예비창업자의 성공 확률은 자연스럽게 높아진다.

두 번째는 상권과 입지를 바라보는 식견과 감각을 기르는 것이다. 데이터로 선별한 프랜차이즈 브랜드가 잘 성장할 수 있는 토양을 다시 데이터로 읽어내는 기술이다. 예비창업자는 선택한 브랜드가 뿌리내릴 수 있는 상권과 입지에 대한 명확한 기준을 세워야 한다.

예비창업자가 하고 싶다고 해서 프랜차이즈 본사가 무작정 출점을 허락하지는 않는다. 그렇다고 프랜차이즈 본사가 제시하는 입지에 아무 고민 없이 창업해서도 안 된다. 성공할 수 있는 브랜드라는 씨앗을 찾았다면, 비옥하고 햇볕이 잘 드는 땅에 심어야 줄기가 자라고 열매를 맺는다.

어떤 상권이 좋은 상권인지, 해당 프랜차이즈 브랜드가 출점할 수 있는 상권인지, 브랜드와 입지의 궁합은 맞는지를 데이터로 확인한다. 그리고 이 결과를 바탕으로 프랜차이즈 본사와 조율하며 최적의 입지를 찾아간다.

세 번째는 사업성을 정확하게 예측하는 것이다. 핵심은 '정확성'이며, 이를 가능하게 하는 기술이다. 사업성 검토의 핵심 요소는 영업이익, 투자비용, 예상매출의 세 가지다. 이 세 요소는 반드시 데이터로 계산되고 추정되어야 한다. 예상과 실제의 오차가 작을수록 예비창업자는 올바른 의사결정을 할 수 있다.

예상보다 많은 운영비용으로 영업이익이 줄어들거나, 투자비가 과도하게 늘어나거나, 예상 매출이 나오지 않는 경우에는 어떤 데이터에 오류가 있었는지를 즉시 점검해야 한다. 반대로 예상보다 더 많은 이익이나 매출이 발생하는 경우에도 동일하게 원인을 분석해야 한다. 지속 가능한 성공은 우연이 아니라, 정확한 예측에서 비롯된다.

네 번째는 의사결정에 임하는 태도다. 창업은 돈을 벌기 위한 일이지만, 돈만을 바라보면 오히려 돈이 멀어진다. 사람들에게 의미 있는 장소를 제공하겠다는 진심을 담아, 세상 어디에도 없는 단 하나의 장소를 만든다고 상상해 본다. 아직 그 그림이 선명하지 않더라도, 그렇게 행동하려는 자세를 갖는 것이 중요하다.

마음의 준비가 되었고 경험이 쌓였다면, 이제 가족을 설득하고 중요한 네 가지 계약과 마주할 차례다. 이 지점이 바로 프랜차이즈 창업의 진짜 시작이다. 예비창업자의 프랜차이즈 창업은 멋진 항해가 될 것이다. 막연히 잘될 것이라 믿지 않았고, 숫자를 기준으로 손에 잡히는 성공에 다가가는 방법을 이미 알고 있기 때문이다.

묻고
따져야

예비창업자에게 프랜차이즈 창업에 대해 일종의 '의심병'이 생겼다면, 비로소 프랜차이즈 창업을 대하는 적합한 태도를 갖추었다고 볼 수 있다. 프랜차이즈 창업을 결정하기 전까지 계속 묻고 따져야 한다. 과연 괜찮은 브랜드인지, 월세는 정말 적정한지, 예상한 매출이 나올 수 있는지, 돈이 되는 구조인지, 투자비는 과하지 않은지 의심을 갖는 습관이야말로 올바른 자세다.

정말 마지막 검증이라는 마음으로, 괜찮은 브랜드를 좋은 상권과 입지에 예상한 매출과 비용 구조로 창업했을 때 과연 돈을 벌 수 있는지를 따져본다. 때로는 끝없이 따지다 지칠 수도 있다. 그러나 따진 만큼 예비창업자에게 돌아올 위험은 멀어지고, 성공은 그만큼 가까워진다.

포기하지 않고 끝까지 인내하며 여러 데이터를 확인하고 의구심을 하나씩 해소해 나간다면, 그 시점이 바로 프랜차이즈 창업을 결정해도 되는 적합한 때다.

예비창업자의 악마 같은 속마음

숫자만 따지다 보면 결국 창업을 못 하게 돼. 지를 때는 질러야지. 알아볼 만큼 알아봤잖아. 매출, 수익, 비용 같은 손익계산서의 숫자는 숫자일 뿐이고 현실은 다를 수도 있는 거 아니야? 내가 신도 아닌데 매출을 어떻게 정확히 알겠어. 심지어 좋은 기회도 있었는데, 따지다 보니 놓쳐버렸잖아.

묻고 따지다 보니 예비창업자의 마음속에는 창업해야 할 이유가 어느새 수십 가지, 어쩌면 백 가지 가까이 쌓여 있다. 이유가 충분하다고 느껴지면 더 이상 미루지 말고 결단해야 한다는 생각이 들고, 심지어는 기준에서 다소 벗어난 프랜차이즈 창업이라도 해버리고 싶은 충동이 생긴다. 그러나 결심했다고 해서 밀어붙여서는 안 된다. 다만 지칠 정도로 충분히 고민했다면, 프랜차이즈 창업을 할지 말지 판단할 역량은 이미 갖추었다고 볼 수 있다.

이제 준비가 되었다. 프랜차이즈 창업이 결코 쉽지 않다는 것도 알고, 그럼에도 꼭 해내겠다는 의지도 이전보다 훨씬 단단해졌다. 단순히 마음을 먹었기에 하는 창업이 아니라, 데이터를 통해 설정한 기준에 부합하는 사례들이 하나둘씩 보이기 시작한다. '해야 할 것 같아서'가 아니라 '해도 되는 상태가 되었기에' 프랜차이즈 창업을 선택하는 것이다.

예비창업자는 브랜드를 탐색하며 투자비용을 산정하고, 이를 위해 자금을 준비한다. 브랜드에 맞추어 상권과 입지를 분석하고, 적정한 월세 수준의 부동산 물건을 찾아낸다. 매출을 예측해 손익계산서를 작성하고, 목표했던 수익에 도달할 수 있는지를 반복해서 계산한다. 이제 그동안 준비해 온 프랜차이즈 창업의 과실을 거둘 시점이 다가온다.

아주 보수적으로 잡아도 이 정도는 나오겠다고 판단되는 매출과 수익이 가능한 프랜차이즈 브랜드를 선택하고, 그에 맞는 수준으로 투자비를 집행한다. 지금보다 더 좋아질 잠재력이 충분한 상권을 선택하고, 그 상권 안에서도 눈에 띄는 입지를 확보한다. 그러면서도 월세는 주변 시세보다 낮다. 가치는 높지만 아직 가격에 반영되지 않은, 현재보다 미래가 더 기대되는 조건이다.

'이제 지쳐서 그냥 해버리자'는 마음과는 분명히 다르다. 묻고 따지며 준비한 끝에 예비창업자는 그 단계에서 이미 벗어나 있다. 프랜차이즈 창업이 결코 쉽게 돈을 벌 수 있는 일이 아니라는 것도 충분히 알고 있다. 가볍게 접근하지 않았고, 많은 준비를 거쳤기에 예비창업자는 스스로의 역량과 경쟁력을 확보했다.

많은 경험과 검증을 통해 프랜차이즈 창업을 성공으로 이끌 수 있는 기술이 예비창업자 안에 내재화되었다. 이제 의사결정은 조급하지 않다. 설령 빠른 결정을 요구받는 상황이 오더라도, 냉정하고 차분하게 판단할 수 있다. 세상에는 창업의 기회가 늘 존재하기에, 예비창업자가 주도권을 쥔 채 의사결정을 한다.

알차게 준비했다면 조바심을 낼 이유는 없다. 충분한 가치가 있으면서도 가격이 합리적인 프랜차이즈 창업을 통해 예비창업자는 성공에 다가간다. 기준을 세웠고, 그 기준에 맞지 않는 기회라면 설령 놓치더라도 아쉬워하지 않는다. 준비가 되었기에, 성공의 기회는 언제든 다시 마주할 수 있기 때문이다.

때가 이르렀는가?
그렇다면

예비창업자가 프랜차이즈 창업을 결심하고 지금까지의 어려운 과정을 모두 거쳤다면, 프랜차이즈 창업은 이제 눈앞에 와 있다. 브랜드를 탐색하는 과정에서 경쟁력 있는 프랜차이즈 브랜드를 선별했고, 높은 예상 매출을 기대할 수 있는 상권과 입지를 찾았으며, 사업성을 검토해 보니 충분히 승산이 있다고 판단된다면 준비는 상당 부분 마무리된 셈이다.

그렇다면 이제 마지막으로 확인해야 할 것은 의사결정의 '때'가 이르렀는지다. 때를 이기는 사람은 없다. 코로나19 상황이 발생했을 당시, 힘 있는 1등 브랜드를 운영하던 지인조차 매출이 80%까지 급감해 손을 쓸 수 없었다고 말한다. 코로나19와 같은 천재지변은 어쩔 수 없는 일이지만, 그렇기에 더욱 신중해야 한다는 교훈을 남긴다.

아무리 경쟁력 있는 브랜드를 선택하고, 상권과 입지가 뛰어나며, 사업성 검토 결과 승산이 있더라도 때를 잘못 만나면 결과는 달라질 수 있다. 물론 '때'는 내가 온전히 통제할 수 있는 영역이 아니며, 예기치 못한 외부 충격 앞에서는 속수무책일 수밖에 없다. 그럼에도 예비창업자는 스스로의 준비 상태를 기준으로 때를 점검해야 한다.

예비창업자에게 때가 이르렀는지를 명확히 판단하기는 쉽지 않다. 그러나 적어도 막연한 상태에서 출발했다면, ① 결심하기, ② 선택하기, ③ 좁히기, ④ 다시 선택해 결정하기라는 네 단계를 최소한 한 번 이상은 반드시 거쳐야 제대로 된 의사결정에 도달할 수 있다. 이 과정을 건너뛴 결정은 흔들리기 쉽다.

처음이 막연했다면 무엇을, 어디서, 언제 해야 하는지 스스로 묻고 답을 찾아가는 과정을 반드시 경험해야 한다. 그 과정을 한 차례라도 온전히 거친 뒤에야 비로소 '때'를 맞이했다고 말할 수 있다. 예비창업자에게 조바심은 독이다. 타이밍을 놓친 것 같다는 조급함이 밀려올 수 있으나, 조급한 결정은 결코 때가 아니다.

과정을 충분히 겪었다면 예비창업자의 의사결정은 점점 선명해진다. 프랜차이즈 창업을 둘러싼 여러 과정에서 우연처럼 보였던 요소들이 하나의 방향으로 맞물려 예비창업자를 돕기 시작한다. 그러니 예비창업자가 끝까지 게을리하지 말아야 할 것은, 이미 익힌 기술을 지속적으로 연마하는 일이다. 연마한 기술은 반드시 쓰이게 되는 순간이 온다.

의사결정이 내려진 이후에도 선택하고, 좁히고, 다시 비교해 결정

꿈을 이룸

하는 과정을 반복한다. 힘들고 어렵더라도 이 과정을 거듭할수록 프랜차이즈 창업의 성공에 대한 감각은 더욱 날카로워진다. 이러한 노력은 예비창업자를 성공으로 이끌고, 성실하게 준비한 사람에게는 자연스럽게 도와주는 사람들이 모여 화합이 만들어진다.

사람의 힘으로 가능한 영역에서, 사람의 화합을 이끌어낼 수 있을 때가 비로소 프랜차이즈 창업의 때가 이른 순간이다. 좋은 때를 맞이하려는 관심과, 좋지 않은 때를 피하려는 예민함에는 많은 에너지가 필요하다. 그러나 에너지를 쏟지 않은 과정에서 의미 있는 결과가 생기지는 않는다.

모두가 한마음으로 준비가 되었다고 말하며 예비창업자를 응원하는 순간이 온다면, 그때 프랜차이즈 창업을 해도 좋다. 결심한 마음을 몇 번이고 되짚어 보아도 흔들리지 않는 확신이 들 때, 예비창업자는 스스로 그 신호를 알아차리게 된다.

그렇다면 더 이상 주저하지 않아도 된다. 결심과 선택, 좁히기와 재결정의 과정이 앞으로도 몇 번이나 반복될지는 알 수 없다. 그러나 지치지 않고 기준을 지키며 나아간다면, 예비창업자가 성공할 수밖에 없는 프랜차이즈 창업의 길은 분명히 열릴 것이다.

꿈을 이룬 김부장
가맹 말고 본사

JTBC 드라마 『서울 자가에 대기업 다니는 김부장 이야기』에서 퇴직 이후 상가 투자를 선택하는 과정에서 안타까운 판단들이 반복적으로 등장한다. 시청자로서 몇 번이나 고개를 돌리며 '안 된다'를 외치게 되는 장면들이다. 만약 김부장이 본서의 안내를 알고 있었다면, 조금은 다른 선택을 할 수 있었을 것이라 아쉬움이 남는 순간들이다.

첫째, 상가 계약 전에 임장을 나가 유동인구를 계수해 보았더라면 결과는 달라졌을 것이다. 유동인구가 극히 드문 상가임을 초기에 알아차릴 수 있었을 것이고, 계수한 유동인구로 예상 매출을 산출했다면 해당 매출을 감당할 임차인이 존재할 수 있는지도 판단했을 것이다. 상권과 입지 평가의 기본만 적용했더라면, 역세권 코너라는 말에 속아 유동인구가 거의 없는 신도시 상가를 그 가격에 분양받지는 않았을 것이다.

둘째, 주변 시세와 커피전문점의 손익구조를 미리 분석했더라면 '커피전문점 임대인이 되겠다'는 막연한 꿈을 내려놓을 수 있었을 것이다. 임차인이 없을 경우 직접 창업해도 수익이 나는 구조인지 사업성 분석을 해봤다면, 비싼 분양가 대신 합리적인 가격의 상가를 선택해 자영업자로서 위기를 극복했을 가능성도 있다. 사업성 분석과 브랜드 선택의 기준을 알았다면, 임차인을 기다리기보다 직접 운영해 성공하는 선택을 했을지도 모른다.

셋째, 상권과 입지 평가, 그리고 사업성 분석이 충분히 준비되어 있었다면 가족을 당당하게 설득할 수 있었을 것이다. 공인중개사인 아내 역시 데이터에 근거한 판단에 동의하고 함께 어려움을 극복했을 가능성이 크다. 의사결정의 원칙을 갖추고 있었다면 준비된 성공을 맞이했을 것이다.

본서의 내용을 충실히 익히고, 선택의 순간마다 축적된 역량을 발휘했다면 김부장은 단순한 상가 투자자가 아니라 프랜차이즈 본사로 성장했을지도 모른다. 물론 모든 상황에 정답이 있는 것은 아니고, '만약'이라는 가정은 언제나 한계를 가진다. 그럼에도 불구하고 흔들리지 않는 기준을 가지고 끝까지 실천했기에 가능한 선택들이 분명히 존재한다.

프랜차이즈 창업을 고민하는 김부장이 본서를 통해 어려움을 이겨

내고 꿈을 이루는 김부장이 되기를 바란다. 나아가 프랜차이즈 가맹점주로 머무르지 않고, 축적한 경험과 성공을 기반으로 프랜차이즈 본사로 사업을 확장하길 기대한다. 본사에 구속되는 가맹점이 아니라, 스스로 기준을 세우는 프랜차이즈 본사가 되는 것이 김부장의 진짜 꿈일 것이다.

실제로 시장에 새롭게 등장한 브랜드들을 살펴보면, 프랜차이즈 가맹점 경험을 바탕으로 장단점을 정확히 파악한 뒤 직접 브랜드를 만들어 성공한 사례가 적지 않다. 프랜차이즈를 운영하다 보면 가장 큰 아쉬움은 높은 원가율로 인한 낮은 매출이익률인데, 잘 운영되는 점포를 기반으로 2·3호점, 나아가 가맹점으로 확장하면 구조적으로 큰 수익을 만들 수 있다.

프랜차이즈는 재료 공급과 로열티를 지불해야 하는 구조로, 일반적인 개인 창업에 비해 약 10~15%의 마진이 줄어드는 경우가 많다. 평균적인 월매출이 3,000만 원 수준이라면, 매달 300만 원에서 450만 원을 프랜차이즈 시스템의 대가로 지불하는 셈이다. 이는 결코 작은 금액이 아니다.

물론 초보 창업자에게 프랜차이즈 시스템은 시행착오를 줄여준다는 점에서 분명한 장점이 있다. 그러나 자신의 성향과 역량을 고려했을 때 일정 수준의 감각과 도전정신이 있다면, 직접 브랜드를 만들어 보는 선택 역시 충분히 고려할 만하다. 이것이야말로 진정한 의미의 창업으로 나아가는 길일 수 있다.

프랜차이즈는 통일된 시스템을 유지해야 하므로 창업자의 개성과 취향이 반영되기 어렵고 제약도 많다. 이러한 제약은 실패를 방지하는 안전장치가 되기도 하지만, 장사 감각과 사업가 마인드를 갖춘 사람에게는 한계로 작용할 수 있다. 그런 경우라면 가맹이 아닌 '자기 브랜드'를 만들어 보는 도전을 권하고 싶다.

본사 창업 후 프랜차이즈로 확장한 성공 사례는 이미 충분히 존재한다. 제주 은희네 해장국은 2002년부터 소고기 해장국 한 메뉴로 제주 지역에서만 운영되다, 이후 전국으로 확장한 대표적 사례다. 을왕리 꾸덕집은 상권이 형성되지 않은 지역에서 시작해 메뉴와 소스로 차별화하며 직영점 중심의 확장을 이루었다.

박승광손칼국수는 해물 전골과 칼국수를 결합한 가성비 메뉴로 2025년 현재 16개 가맹점을 운영 중이며, 전주 현대옥은 1979년 전주 남부시장에서 출발해 전국 150여 개 지점으로 성장한 본사 창업의 대표적 성공 사례다.

한식 업종은 개인 브랜드가 많아 브랜드력보다 운영력이 매출을 좌우하는 경우가 많다. 시대가 흐를수록 사람들은 '나만의 것', '개성 있는 것'을 원하고 대중적인 획일성에 대한 선호는 줄어든다. 이러한 흐름을 읽을 수 있다면 개인 브랜드를 만들 여지는 충분하다.

개인 브랜드를 만들 때 가장 중요한 것은 업종의 시장성을 정확히 파악하는 일이다. 성공한 브랜드들은 틈새를 공략하거나, 기존 시장에 새로운 콘셉트를 덧입혀 차별화를 만든다. 기존 양념치킨에 '단맛'이라는 요소를 더해 새로운 카테고리를 만든 교촌치킨이 대표적인 예다.

이처럼 맛이나 콘셉트를 차별화해 기존 시장에 진입하거나, 과거 유행했던 업종을 현대적으로 재해석하는 방식도 유효하다. 최근 불경기 속에서 뷔페형 레스토랑이 새로운 형태로 다시 등장하는 흐름 역시 같은 맥락이다.

전수형 창업과 같은 프랜차이즈와 개인 브랜드의 중간 형태도 존재한다. 이는 많은 발품과 정보 수집을 통해 경쟁력 있는 브랜드를 발굴하는 것이 핵심이며, 직접 식당을 찾아다니며 전수 조건을 협의하는 과정에서 좋은 기회를 만날 수도 있다.

다만 어설픈 하이브리드 형태는 오히려 정체성을 잃을 위험도 있다. 충분한 경험과 연구가 쌓이면 예비창업자 스스로 브랜드를 만들고, 프랜차이즈 본사의 대표가 될 역량을 갖추게 된다. 프랜차이즈 브랜드를 탐색하며 쌓은 경험 자체가 이미 본사 창업의 훈련이기 때문이다.

프랜차이즈 브랜드를 준비하는 과정에서 예비창업자는 성공하는 브랜드의 조건을 자연스럽게 체득한다. 제품과 서비스라는 소프트웨어, 인테리어와 동선 같은 하드웨어를 분석하며 새로운 콘셉트를 구상할 수 있고, 상권 조사를 통해 그 콘셉트가 통할 입지를 찾아낼 수 있다. 이러한 과정을 거쳐 성공적인 점포 운영에 이른다면, 그 다음 단계는 자연스럽게 본사 창업으로 이어진다.

가맹점주에서 멈추지 않고, 축적한 역량을 펼칠 프랜차이즈 본사에 도전하는 꿈. 예비창업자가 프랜차이즈 창업을 통해 얻은 경험으로 또 다른 예비창업자의 성공을 돕는 날을 그려본다. 그 여정의 시작이 이 책이 되기를 기대한다.

셀프 맞춤형 설계

예비창업자가 프랜차이즈 창업으로 성공하기 위해서는 성공 시나리오를 작성하는 과정이 필요하다. 시나리오를 통해 성공의 모습을 구체적으로 그릴수록 예비창업자는 성공에 가까워진다. 그렇기에 예비창업자에게 적합하고 현실적으로 구현 가능한 프랜차이즈 창업의 시나리오를 가정해 볼 필요가 있다. 아래는 그 예시다.

예시 1은 저가 커피전문점 메가커피를 선택해 1억 원을 투자하고, 학세권 대로변 입지에 월매출 1,500만 원을 예상하며 월세 100만 원 수준의 점포를 구하는 시나리오다.

예시 2는 제과점 파리바게트를 선택해 2억 원을 투자하고, 주거 배후를 둔 항아리 상권의 사거리 코너 입지에 월매출 6,000만 원을 예상하며 월세 400만 원의 점포를 구하는 경우다.

예시 3은 분식 브랜드 동대문엽기떡볶이를 선택해 1억 5천만 원을 투자하고, 반경 1.5km 내 상주인구 1만 세대 이상을 배후로 둔 배달 전문 입지에 월매출 3,000만 원을 예상하며 월세 100만 원의 점포를 구하는 시나리오다.

예비창업자가 성공 시나리오를 구체적으로 작성해 두었다면, 이후에는 그 시나리오를 현실로 만드는 과정만 남는다. 가정한 시나리오에 따라 프랜차이즈 본사가 출점을 승인할 수 있는지, 예상 매출을 달성하기에 적합한 상권과 입지인지, 그리고 수익을 내기에 충분히 낮은 월세와 투자비 범위인지 점검하면 된다.

그러나 실제 창업 과정에서는 예비창업자가 가정한 시나리오대로 의사결정을 하지 못하는 경우가 많다. 프랜차이즈 창업의 불확실성을 이유로, 시나리오를 그대로 따르는 것은 현실적으로 어렵거나 불가능하다고 느끼기 때문이다. 그 결과 많은 예비창업자들이 인내심을 잃고, 가정했던 시나리오를 포기한 채 섣부른 결정이나 타협을 선택하게 된다.

예비창업자는 이러한 순간일수록 인내심을 유지해야 한다. 창업의 의사결정은 어디까지나 예비창업자의 몫이므로, 조급해질 이유도 없다. '어차피 불확실하니 더 늦기 전에 시작해야 한다'는 조바심은 잘못된 판단을 부르기 쉬우므로 반드시 경계해야 한다.

프랜차이즈 브랜드가 반드시 성공한다고 단언할 수는 없지만, 예비창업자가 성공할 가능성은 스스로 만들어 갈 수 있다. 이를 위해서는 인내심을 바탕으로 성공할 수밖에 없는 근거들을 끊임없이 축적해야 한다. 성공 시나리오를 세우고, 그 시나리오를 반드시 실행하겠다는 태도로 도전한다면 성공의 확률은 높아진다.

반대로 인내하지 못하고 서둘러 창업을 결정한다면, 예비창업자는 프랜차이즈 창업의 성공에서 멀어질 수밖에 없다. 조바심을 근절하기 위한 가장 효과적인 방법은 성공 시나리오를 기록하고, 이를 예비창업자 개인의 상황에 맞춘 셀프 맞춤형 설계로 구체화하는 것이다.

셀프 맞춤형 설계에서 가장 중요한 요소는 기준의 설정이다. 투자분야의 대가 벤저민 그레이엄은 『현명한 투자자』에서 '안전마진'이라는 개념을 제시한다. 안전마진이란 시장가치보다 내재가치가 높은 상태, 즉 가치 대비 가격이 충분히 낮은 투자를 의미한다.

현명한 투자자가 성공하는 이유는 안전마진이 확보된 자산에 투자하기 때문이다. 최근 부동산 청약 시장에서도 '안전마진 1억'이라는 표현이 사용되는데, 이는 주변 시세 대비 1억 원 낮은 가격에 분양을 받았다는 의미다. 프랜차이즈 창업 역시 안전마진이 확보된 조건에서 시작한다면 성공 가능성은 크게 높아진다.

이 개념을 프랜차이즈 창업에 적용한다면, 예상 매출이 높고 구조적으로 돈을 벌 수밖에 없는 브랜드를 선택하는 것이 셀프 맞춤형 설계의 출발점이 된다. 예를 들어 압도적인 1등 브랜드로 경쟁 브랜드의 출점이 제한되고, 보수적으로 산정한 매출보다 20% 이상 높은 매출이 기대되며, 주변 시세보다 20% 이상 낮은 월세의 점포를 확보하는 것이다.

이러한 조건이 현실적으로 다소 이상적으로 보일 수는 있다. 그러나 이상적인 셀프 맞춤형 설계를 먼저 세운 뒤, 현실에 맞게 조정해 나가는 것이 바람직하다. 이 과정은 최선의 조건을 탐색하는 동시에, 예비창업자가 스스로의 기준을 명확히 인식하는 메타인지의 과정으로도 큰 의미를 가진다.

명확한 기준을 가진 예비창업자는 외부의 설득이나 유혹으로부터 스스로를 지킬 수 있다. 정보가 불충분하거나 안전마진이 확보되지 않은 상태에서 창업을 권유하는 제안들에 대해 냉정하게 판단하고 대응할 수 있기 때문이다.

점포개발자, 창업컨설턴트, 부동산 중개인 등은 예비창업자의 셀프 맞춤형 설계와 다른 제안을 할 수 있다. 기준을 지키려는 예비창업자를 답답해하며 설득하거나 타협을 유도할 수도 있다. 그러나 명확한 시나리오와 기준을 갖추고 있다면 외부 환경에 휘둘리지 않고, 오히려 필요한 조건을 당당히 요구할 수 있다.

예비창업자가 손해 보지 않는 창업을 위해서는 충분한 안전마진을 인식하고, 끊임없이 질문하며 이를 설계에 반영해야 한다. 셀프 맞춤형 설계가 충실히 이루어졌다면, 오랜 인내의 시간은 결국 성공적인 프랜차이즈 창업으로 보답받을 것이다. 그렇게 준비된 예비창업자는 잘못된 판단으로 인한 어려움을 겪지 않게 된다.

매출 정보 확인하기
(www.openub.com)

예비창업자가 프랜차이즈 창업을 준비하면서 가장 궁금해 하는 것이 프랜차이즈 점포의 매출일 것이다. 오픈업이라는 홈페이지에는 다양한 빅데이터를 통해 추정된 매출 정보를 확인할 수 있다. 예상하는 입지의 프랜차이즈 브랜드 매출을 확인하여 예비창업자가 예상한 매출과 비교하여 입지를 판단하고 사업성 검토의 정확도를 높일 수 있다.

예시) 홍대입구역

1) 오픈업 홈페이지에 접속하여 홍대입구역 상권을 검색한다.

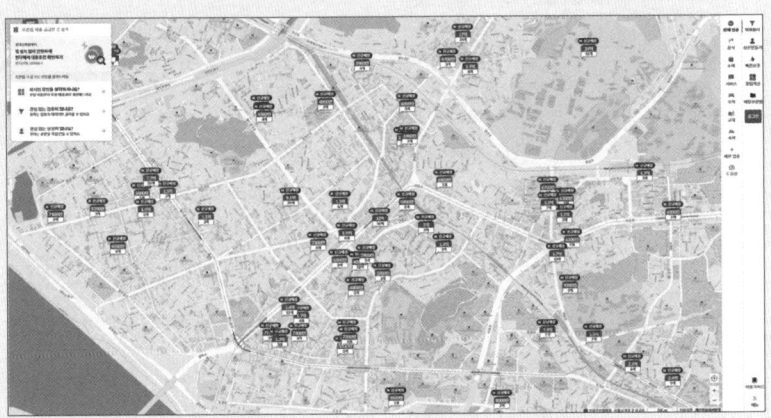

홍대입구역 상권 검색 후 화면

2) 홍대입구역 상권 중 입지를 지정한다(2호선 출구 중심).

- 매출이 높은 건물은 빨간색으로 매출이 표시된다.

1. 동교동 스타피카소,

2. 홍대입구역,

3. LG 팰리스빌딩,

4. 아일렉스

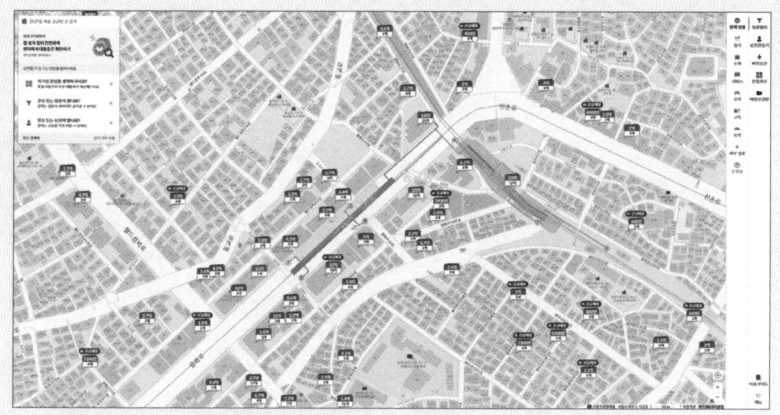

홍대입구역 2호선 출구 중심 입지 지정

3) 관심있는 프랜차이즈 브랜드가 있는 건물을 확인한다.

- LG 팰리스 빌딩 KFC 홍익대점

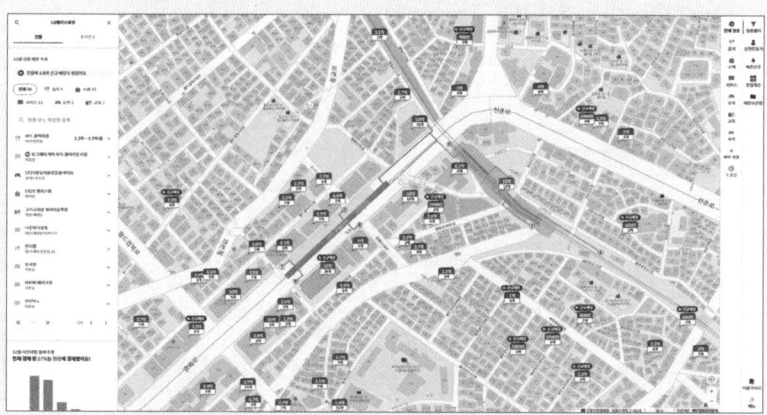

LG 팰리스 빌딩 KFC 홍익대점 확인

4) 매장목록 중 관심있는 브랜드의 매출을 확인한다.

- 시간대, 요일, 평일/휴일

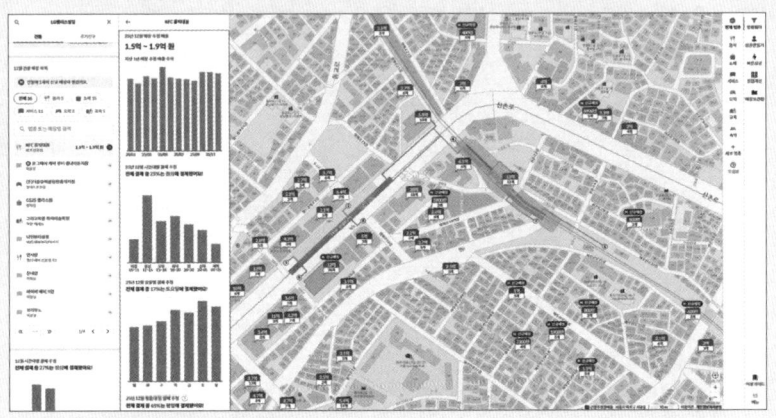

KFC 홍익대점 시간대별 매출 분석

- 성별, 성별/연령대, 가구유형

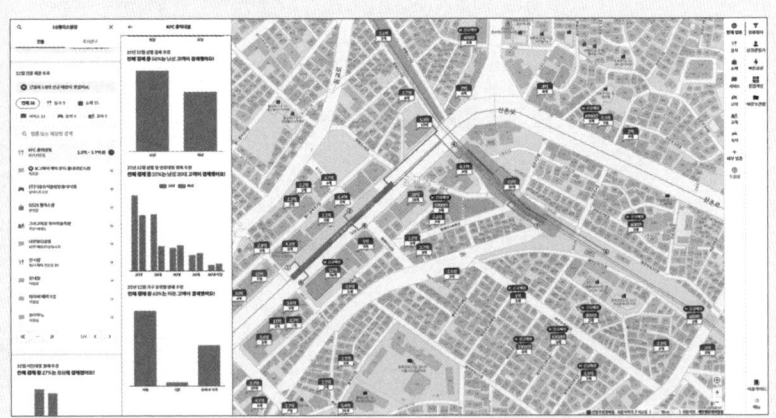

KFC 홍익대점 인구통계학적 매출 분석

맹자 공손추 장구하 편에는 "천시불여지리天時不如地利, 지리불여인화地利不如人和"라는 구절이 나온다. 하늘의 때는 땅의 이익만 같지 못하며 땅의 이익은 사람의 화합만 같지 못하다 라는 뜻이다. 하늘이 주는 좋은 시기보다, 유리한 지리적 조건이 더 나으며, 아무리 뛰어난 지리적 조건도 사람의 마음이 하나로 모인 힘에는 미치지 못한다는 교훈을 준다.

천시는 자연이 주는 기회나 운, 타이밍을 뜻하는데 이는 순간적일 수 있다. 반면 지리는 요새, 지형, 자원, 기반시설 등 오랜 동안 유지되는 현실적인 조건으로 아무리 좋은 기회가 찾아와도 그것을 뒷받침하는 기반이 없다면 성과로 이어지기 어렵다는 말이다. 즉, 때를 기다리기보다는 준비와 토대를 마련하는 것이 중요하다는 것이다.

그렇지만 환경과 조건보다 중요한 것은 사람의 마음이며, 그것이 모이지 않으면 아무리 좋은 환경도 무의미하다는 것을 강조하고 있다. 저자는 본서를 마치며 프랜차이즈 창업은 이 구절을 거꾸로 적용하고 싶다. "지리불여인화地利不如人和, 천시불여지리天時不如地利" 사람의 화합은 땅의 이익만 못하고 땅의 이익은 하늘의 때만 못하다 라는 것이다.

창업의 성패에는 때가 가장 중요하다. 시장을 이기는 사람은 없다. 아무리 경쟁력 있는 브랜드에 상권과 입지가 좋으며 사업성 검토로 승산이 있는 프랜차이즈 브랜드를 창업하더라도 때를 잘못 선택하면 어쩔 수가 없다. 그렇다면 하늘의 때, 즉 운 기회 타이밍만 보는 것이 창업 성공의 길일까? 1번은 천시(하늘의 때)이지만 결국 사람의 화합이다.

노력하는 예비창업자는 누구든 도와준다. 가장 가까운 가족부터 이웃과 직원, 아르바이트까지 사람의 화합을 이끌어 낼 수 있을 때 비로소 프랜차이즈 창업성공의 때가 이른 것이다. 때가 이르러 성과가 있을 때까지 그리고 성과가 있을 때까지 버티고 버티어 예비 창업자가 온전히 원하는 프랜차이즈 창업을 성공하기를 기대한다.

감사의 글

이 책이 나오기까지 9년의 시간이 걸렸다. 사람의 화합이 만들어지는 데에는 상당한 시간이 필요했다. 드디어 오랜 숙원이던 책을 내겠다는 꿈을 16년을 함께한 김용남 형과 20년 전 CJ신입사원 공채 동기의 인연이었던 임홍택 작가와 이루었다. 두 사람에게 매우 감사하다. 이제 사람의 화합을 이루었으니 함께 느슨하게 연대하여 나아갈 미래를 기대한다.

고난의 시간으로 인내와 연단의 과정 속에 책을 펴는 소망을 이루게 해 주신 하나님께 감사한다. 당신의 부름에 끝까지 따라가는 자녀가 되겠노라 다짐한다. 더불어 끝맺음이 유난히 어려웠던 나를 잘 감당해준 아내 고아라에게 고맙다. 사랑하는 딸과 아들 이서우와 이룸 고맙다. 앞으로 펼쳐질 밝은 미래에 우리 가족이 언제나 건강하고 행복하기를 기대한다.

　- 저자 이 찬

오랜 시간 책을 내기 위해 인고의 노력을 주도한 이찬에게 감사의 말을 전합니다. 그리고 가까운 자리에서 묵묵히 힘이 되어준 가족들에게 감사드립니다. 특히 아내 최현정과 아들 김준혁에게 매우 고맙다고 말하고 싶습니다. 말없이 건네 준 응원과 매일 매일의 사소한 배려들이 가장 큰 힘이 되었습니다. 책을 받았을 때 기뻐할 모습을 상상하면 한없이 감사한 마음을 가지게 됩니다.

　25년간 리테일 관련한 다양한 업무를 하며 현장에서 바라본 창업의 길은 어려운 길이었습니다. 그 어려운 길을 걷기위해 조금이라도 이 글이 도움이 되길 진심으로 바랍니다.

　- 저자 김용남 -

알찬 프랜차이즈 창업을 이끄는 실패 최소화의 기술

프랜테크(FranTech)

1판 1쇄 인쇄 2026년 2월 26일
1판 1쇄 발행 2026년 3월 05일

지은이 이찬, 김용남
펴낸이 최지혜
편 집 최소영
마케팅 김동구
디자인 박선향
펴낸곳 도서출판11%

출판등록 2023년6월19일 제2025-000023호
주소 서울특별시 마포구 월드컵북로400 5층 출판지식창업보육센터 제12호
전화 070-8286-7911
팩스 02-6442-7911
이메일 11pro@11pro.kr
홈페이지 11pro.kr

ISBN 979-11-994759-2-2(13320)